子育てと健康シリーズ

子どものこころとことばの育ち

中川信子

大月書店

子どものこころとことばの育ち◆目次

はじめに

3 人の育ちには法則性がある

4 ことばの育つ環境をつくろう

7 こころが育ち、ことばが伸びるために

はじめに

私の職業は言語聴覚士（Speech-Language and Hearing Therapist　略してＳＴ）です。従来は言語療法士とか言語治療士と呼ばれていました。

ＳＴの多くはリハビリテーションの分野で、おとなの方の言語訓練に従事していますが、私は子どもが専門で、ほかの子に比べて発達が遅かったり、ことばに心配なことがあるお子さんのことばや発達が進んでゆくよう応援するのが仕事です。

言語聴覚士の国家資格の成立は平成九年と新しいのですが、日本では昭和四〇年代からすでにＳＴの活動は始まっていました。古くからこの仕事にたずさわり、子どもに関する臨床経験豊富な実力あるＳＴも多いのですが、そういう方のなかには医療やリハビリテーション分野からの出題が多い国家試験はとても不利で、国家資格基準を満たさなかった方もおられます。

この本のなかでは、言語聴覚士の国家資格の有無にかかわらず、「ことばのことを専門に仕事にしている人」という意味でＳＴという職種名を使っていきます。なお国家資格有資格者は「言語聴覚士」（ＲＳＴ）と呼ばれます。

子どもの分野のＳＴは、ことばの遅れのほかに、難聴のお子さん、口蓋裂《こうがいれつ》のお子さん、発音がはっきりしないとかサシスセソが言えないというお子さんなども対象とします。

発音や話しかたの指導は、カードなどを見せて練習するのだろうと想像していただけると思います。でも、ことばが遅かったり、発達に遅れがあるお子さんのことばや発達を促すためには、どんなことをするのでしょう？　謎ですね。

私が実際にやるのは、子どもと楽しく遊ぶことです。

はためからは、ただ遊んでいるだけのようにみえるらしくて、親ごさんに「遊ぶだけで、ことばがのびるんですか？」と聞かれることもたびたびです。

このあたりのことを説明してわかっていただくのはむずかしいのですが、ただ漫然と遊ぶだけではなく、ＳＴとしてあれこれの小ワザは使っているつもりです。

長くこの仕事をしてきて、みえてきたことがいくつかあります。

一つは、子どもの育ちは、障害やその心配があろうとなかろうとみんな共通なのだということ。従って、子どもについての親の心配ごとも結局は変わらないものだ、ということです。

二つめは、ことばが育つためには、こころの育ちをていねいに支えていかなければならない、ということ。これは、今まで考えられてきた以上に大切なことです。

三つめは、子育てに失敗はない、ということです。

私は「専門職」を名乗るＳＴであると同時に、二人の息子の親でもあります。二人とも成人した今になってかえりみると、彼らが小さかったころに、あれやこれや思い描いた夢は現実の前にひとつずつはかなく消え去り、結果、二人とも、ごくふつうの人に育ちました。でも、「ごくふつうの」息子ではあっても特別に大事。これが自然な親心なのだろうと痛感します。

ずっと前に、九〇歳近いおばあさんが六〇代の息子に「寒いからマフラーをしていきなさいよ」と言ったと聞いて、これはほとんど笑い話だと思いましたが、私もそのおばあさんの気持ちがよくわかる今日このごろです。親はいくつになっても子どもを愛し、気がかりに思うものなのですよね。

サン＝テグジュペリの『星の王子さま』のなかにこんなことばがあります。

「あんたが、あんたのバラの花をとてもたいせつに思ってるのはね、そのバラの花のために、ひまつぶししたからだよ」

「めんどうみたあいてには、いつまでも責任があるんだ」

子育ては、とても時間と手間がかかります。疲れることもたくさんあります。でも後から振りかえると、その大変さが楽しい思い出になっています。

子どもといっしょの生活、子どものために費やす時間に「無駄な時間」はありません。楽しいとき、苦痛なとき、腹のたつとき、心配なとき。それらのすべてを含めた「子どもとの生活」「子どもとすごす〈今〉」が楽しいものになるために、この本がお役に立ちますように。

この本はほとんどの部分を、子育て中のお母さん、お父さん、とくに、子どものことがちょっと心配だなと思っている方たちの姿を念頭において書きました。が、同時に、子どもにかかわる先生や保育士、指導員や保健師など、いろいろな方たちが読んでくださることも予想しました。親ではない方が読むときには、親のがわに、親の気持ちに心を寄せるつもりで読んでみてください。新しい発見があるかもしれません。

1

子育て中のお母さん、お父さんへ

子育ては親と子どもが同い年

「子育ては、親と子どもが同い年」ってことば、ご存じですか?

今二歳の子を持つ親ごさんは、ご本人が三四歳であったとしても、親としてはたったの二歳。よちよち歩きの若葉マークです。五歳の子を持つ方の親年齢は五歳。まだまだ未熟者です。いろんなことがわからなくて迷ったり、失敗したりするのがあたりまえですよね。初めてのことをやっているのですから。失敗したら、反省し、次に同じ状況が起きたときにはもう少しましな対応ができるようにすること。そのくらいのことしかできません。「失敗するのが子育てさ」ってわけです。子育てに正しいマニュアルはありません。

子どもと共に成長すること、子どもに教えられつつ人間として成長できること、願いを持ちつつも願いがかなわない失望に耐えることを学ぶ、今こうしていることがはたして正しいのか正しくないのかわからないという不安に耐えること、それが子育ての醍醐味なのではないかと思います。

親だから間違ってはいけない、子どもだからおとなの言うことを聞かなければならない、といった先入観を捨て、一個の人間として、向きあい、共に失敗しつつ共に歩むという感覚を持てれば、子育てももっともっと楽しいものになると思います。

子どもは一人ずつが一輪の花

子どもはひとりずつが一輪の花みたいなもの。

春咲きあり冬咲きあり。赤あり、黄色あり。一重咲きあり八重咲きあり。同じ種類の花であっても、ひとつとして同じものはなく、それぞれに良さを持っています。良さとうらはらの欠点もかならず持っています。

良さとか欠点といいましたが、同じ子どもの行動が、その親との組みあわせで欠点ともみられるし、長所ともみられるのがおもしろいところ。

先日ある若いお母さんとお話していました。その方の坊やは、どこへでもすっ飛んで歩くような、元気のよいはねっかえりです。

二人姉妹で育ち、本を読むことが大好きだったというしとやかなお母さんは、「追いかけまわすだけでくたくたです」と疲れ気味でした。

「でもね、先生、おもしろいですね。お隣には、お母さんの言うことをすぐ素直に聞く、おとなしい女の子がいるんです。そのお母さんに『お宅はいいわね、おとなしい、いい子で』って言ったら、『いい子すぎてイヤなのよ。少しは口答えしたり、さからったりしてほしいのよね。そのほうが手ごたえがあるじゃない？　それに私はスポーツ大好き人間だったのにさ。うちで本なんか読んでないで思いっきり外で発散してくれるといいのに‼　お宅の坊やがうらやましいわ』ですって。なかなかうまくいかないものですね……」

子どもをみるとき、親はどうしても自分の基準にはめてしまいがちです。でも見方をかえれば「落ち着きがなくてこまる」は「活発で元気」、「泣き虫で臆病」は「慎重で感受性豊か」、「はっきりしない」は「おっとりしている」ともいえます。

子どもの行動や性格をいろいろな面からみて、「望んだ花とは違うけど、それぞれに美しい。いろいろな花があっていい」と達観し、子どもをいつくしむ気持ちになれるといいですね。

とはいえ、これは、お題目みたいなもので、実際自分の子どもと向きあうと、そんなふうにはふるまえないのがあたりまえなのですが。

子どもは生命としてそこに「存在」する

おなかの赤ちゃんによい音楽を聞かせて胎教、マタニティスイミング、ベビーマッサージ、赤ちゃん体操教室、ベビーサイン、語りかけ、ベビースイミング、才能開発、幼児教室、リトミック……。

いろいろなことにチャレンジするお母さんたちがいます。外に出てほかの人とふれあえば、赤ちゃんと二人きりで家にいることでの閉塞感に陥らずにすみ、プラスの意味もたしかにあります。

でも、なにかに追われるようにおけいこごとをこなすだけで、「痛ましいなあ」と思うこともあります。本人たちはそれなりに楽しそうであっても、です。

それは、なにかを「する」「させる」ことによって一味ちがう付加価値をつけ、そのことによって一段高い評価が与えられるようにして、その評価をもとに世のなかを渡っていけるように、より高い場所をより安全に渡っていけるように……、そんな親の思いが透けてみえるような気がするときです。

根本にあるのは「子どもには幸せな人生を送ってもらいたい」という親として当然の願いであるとしても、「ほかの子に遅れをとらないため」「より高い付加価値をつける」ことがいつの間にか目的になってしまうのはちょっと違うのではないかと思います。

製品をより高く売る、利益を得る、その利益でさらに事業を広げるのは会社とか商売とかの論理。なにかを生み出す、つくる、売るは「する（ｄｏ）」の世界そのもので、「する」ことをやめたら、その会社やお店はつぶれてしまいます。

でもね、子どもは売り物でも製品でもないんですよね。生命を与えられて「そこにいる」「存在する」（ｂｅ）のです。

我が家の息子がまだ赤ん坊だったころのことを思い出します。赤ん坊が寝ているベッドをのぞきこみ、あるいはよちよち歩いている姿を見ながら夫が何回も言っていました。「こいつは、いつ見てもここにいるよね、家に住みついてるよね、まったく、なんでだろうね、不思議だよ」って。

そのときは、この人、なにを言ってるのかしら？　うちの子なんだからここにいるのが当然でしょ、といぶかしく思いましたが、今はその気分がよくわかります。生命がどこからともなく突然あらわれ、ここに存在することの不思議……。子育ては、子どもを通してそこに「存在する」「いる」（ｂｅ）ことそれ自体の深い価値にふれる現場です。

現代の日本が、次から次へとなにかを「する」（ｄｏ）という価値観一色になり、浮き足立って走りつづけているような今、子育てこそ、その価値観に異議を唱え、地に足をつけて、じっくり構えることの大切さを見出すことのできる貴重なよりどころです。子育ての場から、日本の病んだ社会をつくり変えていくような価値観が広がり、良い方向への道が開かれることを私は心から願っています。

また、そこに「いる」「存在する」ことの価値を認めてゆくような考え方は、〝障害〟やその可能性をもつ子どもや大人・不登校・引きこもり・高齢者など、さまざまな形での少数者を、今とは違ったやり方で社会として受け入れていくことにもつながっていくに違いないと私は考えています。

そういう社会、異質なものも受け入れてゆく包容力のある社会は、実は、〝ふつう〟の人、つまり多数者にとっても、実に居心地のいい社会でもあるのです。

少数者が大切にされる社会

私が〝障害〟のある子どもたちとの生活を仕事に選んだ大きなきっかけは三木安正という方との出会いです。三木先生は教育心理学という学問分野の確立に力を注いだ教育者・研究者であっただけでなく、同時に、知的障害の人のための養護学校や作業所を持つ旭出学園を創設し、運営にかかわる一方「知的障害者福祉連盟」や知的障害児・者を持つ親の組織である「手をつなぐ育成会」の設立を全面的に後押しするなど、臨床的な実践家でもありました。

からだの大きな、ふところの深い方で、いつも少年のような笑顔でゆったりと語られました。先生のまわりにはいつも人の輪ができていました。亡くなられた後も、先生のことを話す人は共通してなつかしそうな笑顔になり、少し遠いところを見るようなまなざしになるのが不思議です。実は私もそうなのですが。

その、三木先生にまつわる印象深いことがいくつかあります。三木先生は、東大の教養学部とか、あるいはご自分の出身校である開成高校など、いわばテストの成績がいい人たちに対して、「君がここにいるのは、誰のおかげと思うか?」ということを質問されることがあったといいます。若い生徒たちは、口ぐちに「自分が努力をしたから」とか「親が塾の月謝を出してくれたから」とか「先生が励ましてくれたおかげだ」などと答えます。

そんなとき三木先生は「たしかに君たちは入学試験に受かったからここにいる。けれども、入った君たちの陰には、必ず落ちた人たちがいるはずだ。落ちた人たちのおかげで、自分がここにいられるということを忘れてはならない」と、そういうことをおっしゃっていたといいます。

三木先生は、それにつづけて「人間の社会は、先端部の、言ってみれば優れた人たちに引っ張られて進歩してきた。すぐれた人が五％出るためには、その人たちと同じだけの五％分、平均より（標準より）遅れていたり、あるいは障害を持つ人が出てくるのが必然である。障害を持っていたり、発達がふつうよりも遅いという問題を持っている人たちを、全部ひっくるめて社会全体で支えていけるようにならなければ、本当の意味での文明国ではない」というようなことをおっしゃってもいましたし、いろいろなところで書いてもおられます。

そういう流れのなかで、こんなこともおっしゃっていました。

「特殊学級、あるいは特別学級ということばを君たちは聞いたことがありますね。そういう学級にいる子たちは、自分たちとは違う特別な子・特殊な子だとみなさんは思っていると思います。が、特別学級・特殊学級というのは、スペシャルな教育をする学級だ。スペシャルなというのは、その子だけ、一人ずつにあわせて、特別なことをする学級のこと。そういう意味では、日本中の学級・学校が全部、特別学級になれば、今いわれているような意味での特殊学級・心障学級というようなものは、なくすことができるのだが、今の日本の現状と教員の資質からみると、それはあと一〇〇年は、まずできそうもないから、しばらくのあいだは、この特別学級の充実をはかっていかなければならない」と。これは昭和二九年にお書きになったもののなかに、書いてあります。一〇〇年はかかるだろうといわれてから、五〇年近くたちました。

その当時に比べれば、教育の世界もずいぶん変化してきました。発達の遅れや偏りはなにか特別なことだとして排除する、といった考え方は、減りつつあります。三木先生がいわれた「文明国」にはまだまだ遠い現状ですが、私も「文明国」めざして微力を尽くしたいと思っています。

早いものがどんどん先に進むことは悪くありません。でも、後ろのほうにいる人のことを切り捨ててかえりみないのではなく、〝はないちもんめ〟のように、みんなで手を取りあって、ゆっくりでもいいから確実に一歩すすむ、ということのなかに潜んでいる、ほんとうに大切な「なにか」の力についても考えてほしいと思っています。そういう考え方ができれば、また、周囲がそういう見方をしてくれれば、子どもを育てるなかでお母さん・お父さんが感じている息苦しさが、少しだけ解消すると思うからです。

常に最高の環境を用意することはできません

●クリティカルシンキングということ

「親なんだから、この子に一番いいことをしてあげなくちゃ」

「できることはなんでも!!」

そんな思いで育児書を読みあさり、あれやこれやのおけいこごとや「脳を育てる○○法」に精を出しているお母さんたちがたくさんいます。

でもね、なにがその子に「いいこと」なのか、わからないのではありませんか?

さっき、子どもを花にたとえましたが、日当たりのよいところを好む花もあれば、日陰のほうがあっている花もあります。水をたくさん必要とする花と、乾いた砂地が向いている花とがあります。

一般的にはお日様がよくあたり、水をたっぷり与えることがいいとしても、我が家のこの子に本当にそのやり方があっているのかどうか、それはやってみないとわからないこと。

良かれと思ってやってみたスイミングのおかげで、水を極端に怖がり、それだけでなく外に出かけることまでイヤになってしまうことだってあります。かと思えば、「お前はお魚さんかい?」とからかいたくなるほど水になじむ子もいます。なにが一番いいことなのか?　と考えすぎるとどうしたらいいのかわからなくなってしまうことがあります。

私はそんなときに「クリティカルシンキング」という考え方をしてみます。「クリティカル」というのは、〝批判的な〟という意味です。　物事を一対一対応で固く考えてしまわないで、そうかもしれないけど、そうじゃないかもしれないという、そういうゆとりのある考え方でいこうというものです。この考え方はなにによらず、生活していくうえでとても役に立ちます。

この考え方ではものごとを四分割にして考えます（次ページの表）。たとえば、薬を［飲む］［飲まない］の二種類をたて軸に、熱が［下がる］［下がらない］を横軸にとってみます。すると「薬を飲んだ。熱が下がった（A）」、「薬を飲んだ。熱が下がらなかった（B）」、「薬を飲まなかった。熱が下がった（C）」、そして「薬を飲まなかった。熱が下がらなかった（D）」の四つの場合がありえます。

薬を飲んだから熱が下がったと普通は考えがちなのですが、もしかしたら、熱が出てちょうど三日目だったから、薬を飲まないでも熱が下がったのかもしれません。また、薬の力を盲信しないことも一方では大事というようなところもあるでしょう。

これを子育てに当てはめて、育て方と、良い子に育つ、問題が起きる、というようにわけて考えてみます。一般的には叱らないでのびのびと愛をもって育てればよい子に育つといわれます。叱らないほうがよいのは誰でもわかっているけれど、思わず叱ってしまうというのが現実だと思います。

「叱らないで育てた。良い子に育った（A）」というお子さんがいるとします。結

表1　薬を飲むと熱が下がるか？

クスリ ＼ 熱	熱が下がった	熱が下がらない
薬を飲む	薬を飲んだ 熱が下がった A	薬を飲んだ 熱が下がらない B
薬を飲まない	C 薬を飲まない 熱が下がった	D 薬を飲まない 熱が下がらない

表2　子どもの行動は育て方で決まるのか？

かかわり方 ＼ 子どもの行動・育ち	申し分のないよい子	問題だらけの子
叱らないように やさしく育てる	やさしく育てる 申し分のないよい子 A	やさしく育てる 問題だらけの子 B
ガンガン 叱って育てる	C 叱って育てる 申し分のないよい子	D 叱って育てる 問題だらけの子

果的に「良い子」に育てば、やっぱりああいうふうにのびのびさせるのがいいのよね、叱っちゃダメよね、と思います。でも、もしかしたら（A）の子はもともと「良い子」になる因子が強くて、たとえ、ガンガン叱られる環境にいたとしても、メリハリの利いた「良い子」になっていたのかもしれないといえませんか？（C）

同じように「叱らないでのびのびさせて育てた」のに「問題が起きる（B）」場合もあります。例えば、万引きとか、ゆすり、たかりをしたとかそういう問題です。そんな子は「どこまで悪いことをすると親がしっかり向きあい叱ってくれるのか試したかった」と言ったりします。のびのびさせるにも、本人の気持ちにあっているかいないかが問題なんですね。

一方、大いに叱る、ガンガン叱るという育て方をされてきた子どももいます。ガンガン頭ごなしに叱って自主性もなにもないみたいに押え込んでいくと、その分イライラをほかの子にぶつけて乱暴したり、先生のいうことを聞かない反抗的な問題のある子になる（D）というのが大方の意見です。実際そういう育て方をされた子のなかに問題を起こす子はたしかにいるでしょう。でも、同じようにそういう叱る育て方をしても、けじめのある礼儀正しい良い子に育っている子もいるわけです。（C）

叱って育てるのはいけない、やさしくするのがいい、といちがいにはいえないのです。良かれと思って選んだ育て方、たとえば、やさしく受け入れようとする育て方が、結果的に良いのかどうかはわかりません。良いと思ったやり方や考え方が、悪い結果を招くことになるかもしれないのです。

いいかもしれないけれど、悪いかもしれない。叱らなかったら良い子に育つとも言いきれず、きびしく叱ったからとて一〇〇%問題が起きるとはかぎりません。そうかもしれないし、そうじゃないかもしれない。

親も、先生も、関わり方について、必要以上に失敗を恐れ、臆病になる必要はありません。あれが失敗だったとか、この育て方がいけなかったとあまり思い過ぎないことです。

英語にThere are no mistakes.There are only lessons. という言い方があります。「世に失敗というものはない、すべては学びである」という意味です。

もう一度まったく同じ条件の同じ事態に陥ったときに、前と完全に同じ失敗はしない。そういうことだけはしないようにと思いつつ、私たちは前にすすんでいけばいいのではないでしょうか。人生というものがそもそもそういうふうにできているのではないかと思うのです。

でも、生活においては、まったく同じ条件の事態が二度起こるということはほとんどないので、常に失敗というか、レッスン、学びのくりかえしです。それが人が育つ場、人を育てる場につきもののことなのだと私は思っています。

〝障害〟を持つ子どもの教育に学ぶ

私は一貫して〝障害〟を持つ子どもたちの発達を支える療育を背景にもつ場所で仕事をしてきました。療育は実に豊かで深い世界で、ここで、人間としての真実をたくさん学ぶことができました。数多い珠玉のことばのなかのひとつに「障害児教育は教育の原点」とか「療育は注意深く配慮された子育てである」というものがあります。その意味するところは

① ほかの子と比べない
② ひとりひとりの興味や関心を大切にする
③ できたことは認め、できないことに手だてを考える
④ できたということ・できるようにするという結果だけに、目的をおかない。なにかができるようになろうと努力する過程を共有し、なにかができた達成感（「ヤッター感」）を共有しあう
⑤ これらのことが、自分らしさ、自我の根っこ（自己の有能感）を育てる

などです。

なにかができるようにしてあげよう、なにか能力をつけてあげようと努力する過程を、大人と子どもとが共有していく。結果的には、そのことができるようにはならないかもしれないけれども、できるようにしてあげようと思っている大人といっしょにいるこの時間自体がうれしい、そういう時間を共有することです。「できた—できない」のレベルで、結果を評価するのではなく、共有しあう関係のなかで育つ子どものみが、自己の有能感……「走るのは遅いけれど、僕って結構いいやつなんだ」とか、「字は上手に書けないけれど、でもそれでいいんだ」など、自我・自分というものを肯定的にとらえる、自己肯定感とか自己の有能感などを持つことができるのだと思います。

〝障害〟を持つ子どもたちとの生活のなかでは、こういう感じがごく自然にわかってきます。というよりも、そういう価値観に立たなければ、〝障害〟を持つ子どもたちと正面からつきあえないから、ともいえます。

ところが、通常の子どもたちは、教えれば覚えます。たとえイヤでも我慢して大人に付きあってくれてしまうので、こういうことが意外にわかりづらい。思春期になってはじめて、「ああ、この子には過大な要求をしてきたんだな、悪かった」と言わざるを得ない事態になることがあります。

子どもをできる—できない（ｄｏ）の規範でみない、そこにいる（ｂｅ）だけで奇跡的な存在なのだという思いをもって子どもをみる、気長にいっしょに付きあってゆこうとする、楽しい時間を共有することが大事。こういう見方が今の子育てには欠けているると思えてなりませんし、私はそういうことを、一般の子育てをしている方たちに伝えてゆきたいと思うのです。

2

ことばの育ち・ことばのしくみ

ことばの三本柱——スピーチとランゲージとコミュニケーション

「ことば」について、ちょっと整理してみます。

「ことば」は、Speech（音声言語・話しことば・口から出ることば）と、Language（言語・頭のなかで考える）とにわけられます。

Speech（音声言語）とはなんでしょう?

「コップ」ということば（音声言語）を言うときには、肺のなかから出てきた空気で声帯を震わせます。声帯を震わせた音（喉頭原音）をもとに舌や唇を動かして音を作ります（構音）。

そのとき「k→o→p→u」という順番に音を出すと「kopu　コップ」になります。pとkとの音の順番をうっかりまちがえると、「p・o・k・u　ポック」になってしまいます。子どもにはそんなまちがいがよくあります。

音になって空中に発せられたことば、それがSpeech（音声言語）です。

ところで、コップを見て、「コップ」と言えるためには、これがコップだということを知っていなくてはならない。知っているというのは、脳のなかで考えたり記憶したりしているLanguage（言語・考えること・概念操作）のはたらきです。

まとめると次のようになります。

①言えることば（Speech）

「発音する力」は舌を思い通りに細かく動かすことを含めたからだの使い方、からだの発達に支えられています。

また、正しい音を選び出し、作り出すためには、脳のはたらきが深く関与します。

②分かることば（Language）

これは音やことばを聞く経験に裏付けられていますが、そのさい耳が聞こえて音を取り込めるということが必須の条件です。

また、ことばの意味がわかるためには、大脳で認知とか概念操作といったはたらきがスムーズに行われることが必要です。

この二つのほかにもう一つ大事なはたらきがあります。それが、

③通じあう心（Communication）

コミュニケーションは、親（主たる養育者）との安心できる関係が基礎になる、ということや、好きな人の言うことには自然と注目できる、というようなことがあって、「こころの育ち」ととても大きな関係があります。

そのことについては、おいおい述べてゆきます。

ことばをつかさどる脳のはたらき——豆電球と電線の関係

脳は大まかに三段階にわかれています。大脳のほかに、大脳辺縁系と脳幹です（36ページの図参照）。大脳の左側の耳のちょっと前のほうにことばをしゃべらせる場所があり、耳のちょっと後ろにことばを聴いて理解するための場所があります。

「ことばをしゃべらせる場所」とはなんでしょうか？

「ことばをしゃべらせる場所」とは、ことばをしゃべらせるためのニューロン（脳細胞）が集中的に配置されている大脳皮質の「言語野《げんごや》」という場所のことです（下の図参照）。頭の左耳のちょっと前上のあたりにあります。

「ことばを聴いて理解する場所」とは、耳のちょっと後ろのほうに、ことばを聴いて理解するニューロン（脳細胞）がかたまって配置されている「聴覚野」という場

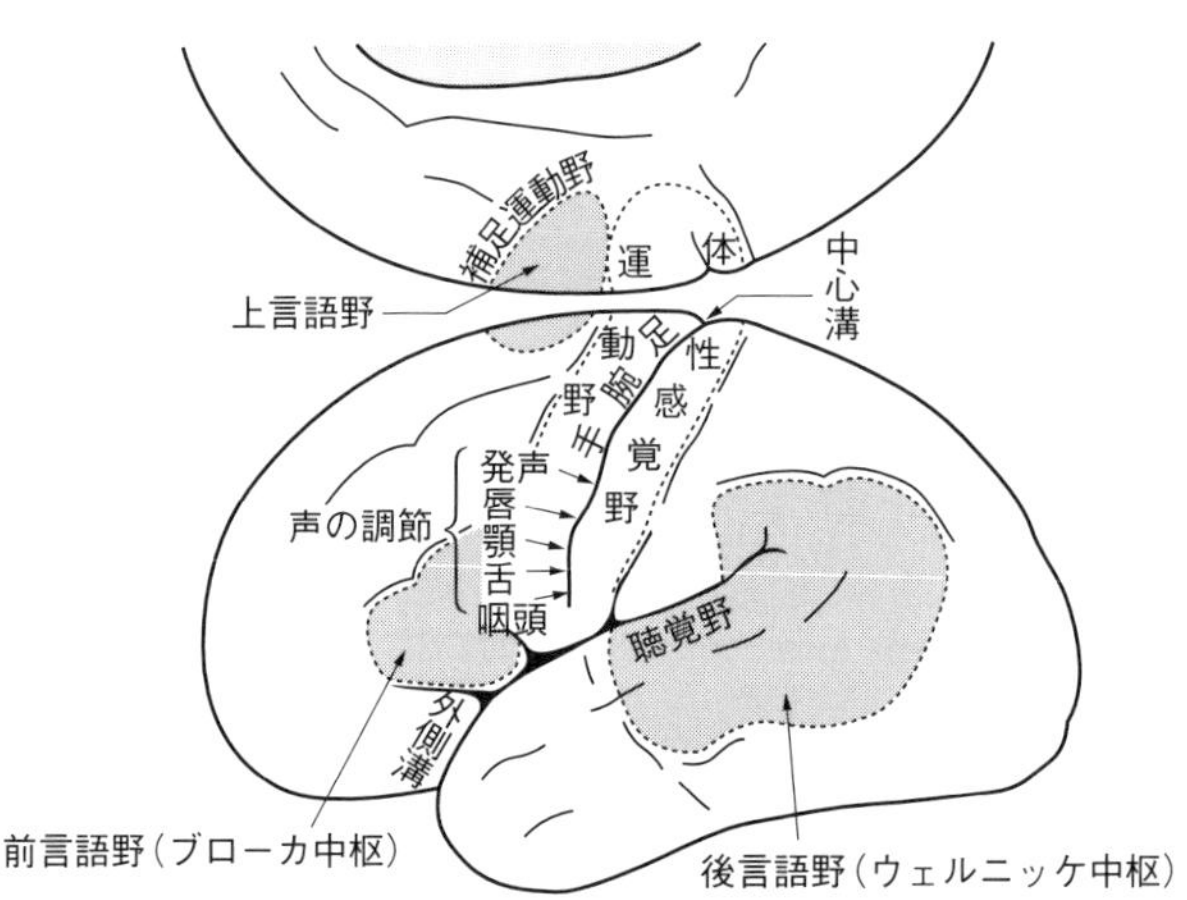

▲大脳の言語野（『脳の話』岩波書店より作図）

所のことです。

ニューロン（脳細胞）は、豆電球みたいなものと考えていただくとわかりやすいと思いますが、それが大脳の表面の部分に、ぎっしり並べられています。一四〇億といわれるこの豆電球は、生まれたときにすでにその数が全部そろっていて、生まれた後で数がふえることはありません。

さて、大脳の表面にならんだ豆電球には、最低一本は、電線がつながるような仕組みになっています。その電線は、脳の中心部にある大脳辺縁系とか脳幹部という場所を通り、首の骨・背骨のなかを通り足の先まで達しており、脳と足が神経でつながっているわけです。

大脳皮質の「手を動かす」という場所から出た神経（電線）は、大脳辺縁系を通り、脳幹部を通り、首の骨の途中から、手のほうに神経が分岐し、手の先までつながっています。

唇や舌を動かすという神経もやはり、脳の表面の豆電球から全部つながっていて、大脳辺縁系を通り脳幹部を通り、口や舌に行ったり、あるいは声帯に行ったりというふうに、からだ中の場所は最終的には全部脳とつながってい

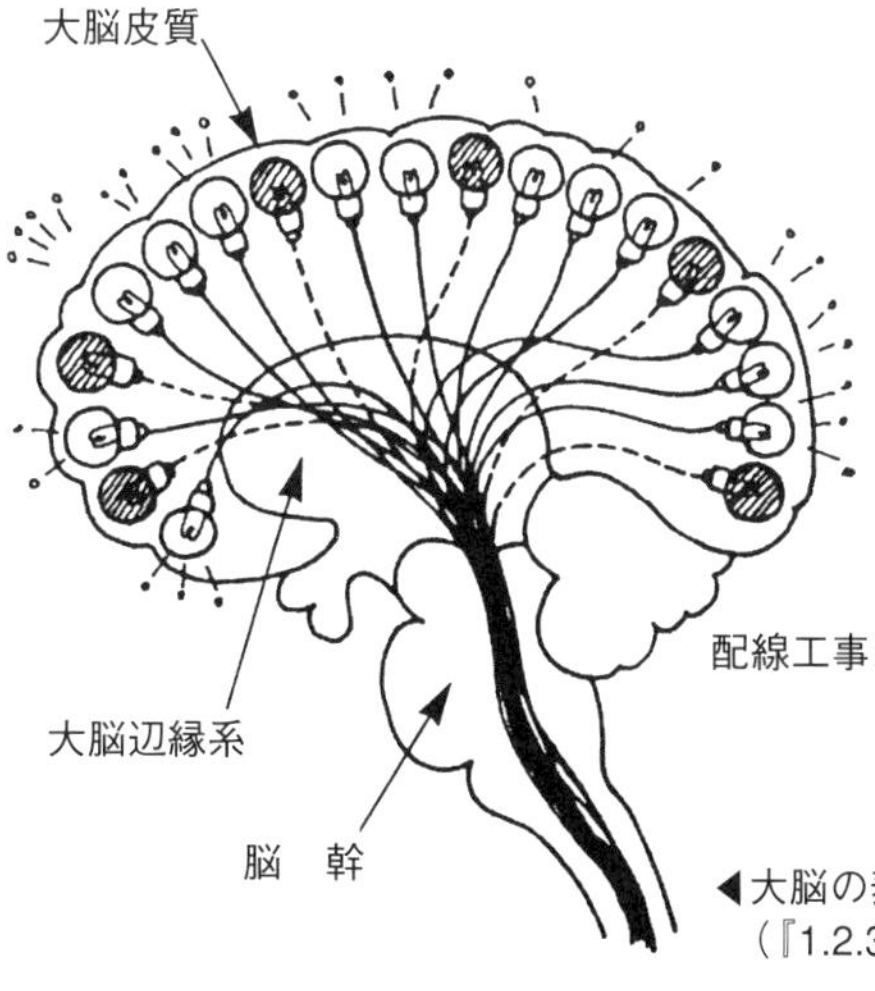

◀大脳の表面にならんだ豆電球
（『1.2.3才ことばの遅い子』ぶどう社より）

ます。

でも、生まれたばかりのときから、全部の電球に電線がつながっているわけではありません。まだ、配線工事ができていないものがたくさんあります。

たとえば、生まれてすぐの赤ちゃんは、ほっぺたになにかが触ると、そっちの方向にすばやく口を向けてチュチュチュチュと吸い込もうとします。この探索反射や、チュッチュチュッチュと吸う吸啜《きゅうてつ》反射は、お乳を飲んで生きのびるために生まれてすぐに使う必要のある能力なので、その部分だけは配線工事が完成した状態で生まれます。

でも、立って歩くとか「ママ」とかお話しするための力は、一年か二年かけて育てればいいので、生まれたときには、まだ配線ができていないのです。

生まれた後にやるべきことは、まだ配線工事ができていない電線の配線を、なるべくたくさん脳の電球とつなげていくような配線工事です。

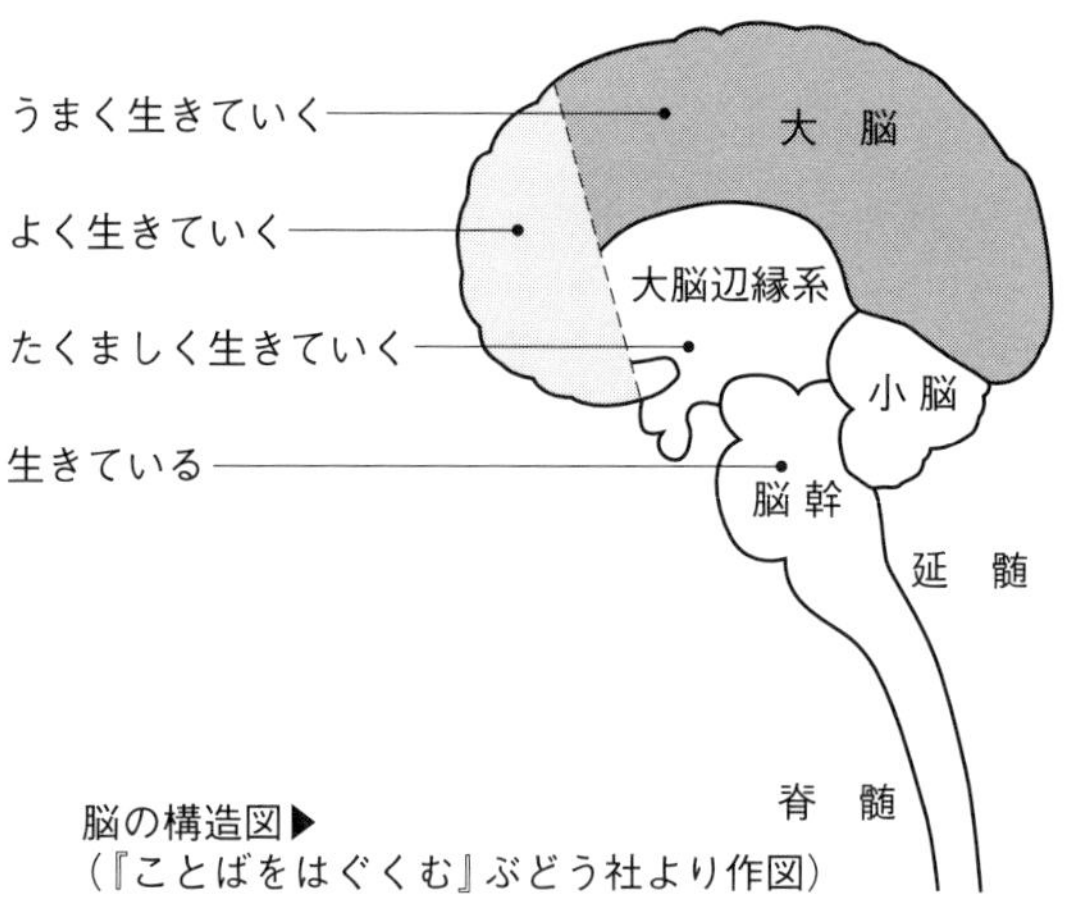

脳の構造図▶
(『ことばをはぐくむ』ぶどう社より作図)

三段重ねの脳の構造とはたらき

脳の仕組みは三段階にわけて考えるといいました。脳幹・大脳辺縁系・大脳皮質（大脳の表面の豆電球の部分）の三つです。

■脳幹のしくみとはたらき

脳幹は電線の束が通っているところですが、役割としては生命を守るということです。たとえば、体温が四〇度もあるときには「これ以上体温が上がると大変!! 脳が煮えちゃうかもしれない。熱を下げなくては」と脳幹が必死に働きます。体温を下げるためにフル活動しているので電線は渋滞を起こし、電気の通りが悪くなっています。そういうときにはアタマがぼーっとして、なにかを考えるどころではありません。一般的にからだの状態が良くないときには、アタマがぼーっとしています。

子どもにことばを覚えてほしいなら、勉強に前向きに取り組んでほしいなら、アタマぼーっではなく、しゃきっとしている状態をつくる必要があります。脳幹の場所の電線（神経）の電気の通りをよくしておくということで、そのためには、からだが元気であることが大前提、というわけです。

からだが元気、というのは筋肉モリモリとか、活発に動きまわるということだけを指しているのではありません。自律神経を含めたからだ全体のバランスが取れていることが大事です。十分な睡眠がとれており、おなかが適度にすいたところに食物がはいってくるといった空腹満腹のリズムも含め、生活が規則的に一定のリズムをもって保たれていることが基本です。

からだを動かせば、脳幹の部分の電気の通りをよくすることにつながります。

健康なからだづくりとか、規則正しい生活とか、十分な運動をするということは、脳幹のレベルにある電線の電気の通りをよくしてあげるために必要なことです。ことわざの《寝る子は育つ》とか《よく遊び、よく学べ》がこれにあたります。昔の人は脳のはたらきとか構造を知っていたわけではありませんが、人間そのものについては実にすばらしい洞察力を持っていたのですね。

こういったからだづくり、生活づくりの基礎は、できれば幼児期に行われていてほしいものです。学童期になったら、もうちょっと上に積み重ねていきたいからです。ただ、今の小学生には、このあたりの育ちを積み残してきてしまった子がとても多いような気がして心配です。

心配のタネのひとつは〝背中ぐにゃ太郎〟。筋肉がぐにゃっとしていて、自分の姿勢を保つことができずに、背中が、ぐにゃっとなっている子たちのことです。そうすると、「背中（姿勢）がピンとなっているぞ」という刺激が、脳に入ってきません。脳に入る刺激が少ないと覚醒水準（目覚めのレベル）が下がりやすくなる。つまり、からだがぐにゃっとなると、結果的には、注意力とか集中力も下がってしまい、勉強に身が入らないことになってしまうわけです。

もちろん全員が全員ってわけではありませんよ。見た目の姿勢がぴんとしてても頭のなかは白昼夢という子もいれば、ぐにゃぐにゃしていても必要なことはちゃんと聞いている、という子もいるでしょうから。

昔はよく「姿勢が悪いぞ！」と一喝されたりしたもので、その一瞬姿勢がピンとなりました。その瞬間には、「筋肉がしゃんとしているぞ」という情報が電気信号の形をとって、手や足の筋肉や、背筋や腹筋からの筋肉につながっている神経から、脳にむかっていっせいに流れ込むわけで、たしかにあれはしゃんとさせるための一つの方法ではありました。すぐにまただらけてしまうのが難点ですが。

で、このような〝ぐにゃ〟をその元から絶つためには、しっかりからだを動かして遊ぶ経験を積み、筋肉を動かす脳そのものを、しゃんとした脳につくりあげることが大事です。

ことわざの《よく遊び　よく学べ》は、まさにこのことにぴったりです。

■大脳辺縁系のしくみとはたらき

脳のなかの仕組みの第二段階は、大脳辺縁系です。ここは、こころの脳ともいえる場所で、本能とか情動とか、感情よりは少し原始的なこころのはたらきをしています。具体的には、やる気を起こす・覚える・本能的な価値判断（自分にとって役に立つか立たないかということを判断する）などです。

「この情報は自分にとって役に立つぞ」とか「おもしろいぞ」というときには、この大脳辺縁系のレベルでの電線の通りがよくなります。

見たこと、聞いたことばが、大脳の表面の、一番届いてほしい豆電球のところまでヒュッと送り届けられます。

おまけに、大脳辺縁系のなかには、海馬といわれる記憶をつかさどっている場所があり、おもしろいと思うときには、海馬のはたらきも高まります。記憶は引き出しのようなものですから、おもしろいと思うときには、その引き出しがスルスルとすべりがよくなり、いっぱいに引き出されます。そこに勉強したことをちゃんとしまって、カラカラって閉めれば、来週になっても、ちゃんと覚えていられるというわけです。

大脳辺縁系の働きを十分に引き出すために必要なことは、楽しい・おもしろい・好き・やりたい、という意欲を育てるということで、そのことが結果的には、学習を効率的に進めるということになります。

このことをことわざで言うと、《好きこそものの上手なれ》や《ほめて育てよ》ということです。昔の人はえらいですね。どうしてこんなことが言えたのでしょうか?

■大脳皮質と「ことばのビル」

さて、これら、脳幹と大脳辺縁系のはたらきの上に、大脳皮質のはたらきが乗っかって、知的なはたらきをしています。

これらのはたらきを、ことばの力と対応させて、ビルにしたものがことばのビルという次ページの図です。

一・二階部分が、脳幹に対応する部分。からだづくり。生活リズム。

三階部分が大脳辺縁系に対応する部分。安定したこころの育ちを支える。

四階以上が直接大脳（ことば）に関わる部分ということになります。

ビルを建てるときに、屋上からつくろうと考える人はいません。本当はことばも同じことなのに、教えれば覚えるのではないかとむりやり言わせたり教え込んだりしているお母さんやお父さんが多いですね。子どもがかわいそうです。

くわしくは拙著『ことばをはぐくむ』『1、2、3歳ことばの遅い子』（いずれ

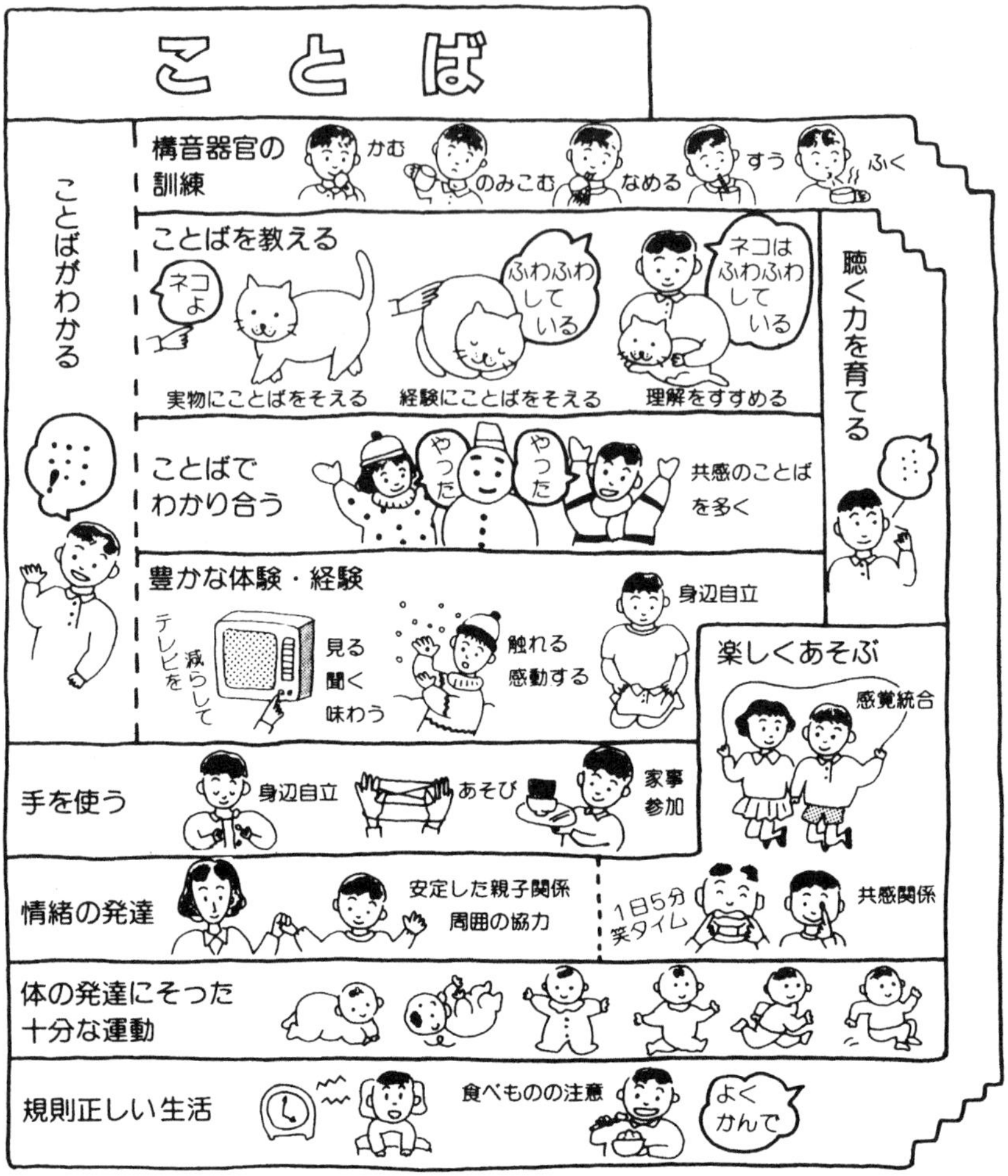

▲ことばのビル（『ことばをはぐくむ』ぶどう社より）

も、ぶどう社刊）をご参照ください。

3

人の育ちには法則性がある

人の育ちの法則性

人の育ちには、法則性があります。

赤ちゃんのからだの発達では、まず首がすわり、次におすわり、あんよ、とからだの上のほうから下のほうへと発達がすすみます。

また、首、背骨などからだの中心部が先にできあがり、しだいに腕や手、指、足の先の方など周辺部へと発達がすすみます。ここでいう「発達がすすむ」というのは、脳や神経の配線工事がすすむ、という意味と考えてください。

「命あっての物ダネ」のことばの通り、赤ちゃんは生命維持のしくみづくり、そのためのからだづくりに最優先で取り組みます。そして、ある程度の余力ができてから、こころの発達とか、ことばの勉強に取り組んでいきます。これらは、生まれたときからセットされているプログラムに従って行われることなので、親や大人はそれを邪魔しないようにしていさえいればいいのです。

具体的には、赤ちゃんのペースにあわせて飲ませ、食べさせ、オムツを換え、眠りたいときに眠らせておく、というようなことです。

基礎としてのからだづくりがおろそかだと、こころや知力の積み上げでつまずくことになるかもしれませんし、こころが安定した状態でなければ、知的な力はその上に積み上げにくいということも考えられます。断定はできませんけれども。

発達の時期の個人差

発達には時期があります。これは、何歳何カ月レベルではなにができるという、「標準」といわれるものの時期と、その子のなかの「伸びどき」という時期と二つの意味があります。「その子のそのとき」がくればできるようになるということがたくさんあります。

とくに二〜三歳のころはとても大きな個人差があります。達者になんでも話すお子さんがいる一方、まだ片言がやっと、という子もいたりします。

実際問題としては就学前後、六〜七歳ぐらいまでは、ほんとうに個人差が大きい。一人の子どものなかでも、オムツが取れるのは早かったけれどことばはえらく遅いとか、ことばは早いけど泣き虫でこまるとか、絵を描くのは大好きでも偏食がスゴイとか、信じられないようなアンバランスさを持っているものです。

ですが、どうでしょう。大人になった私たちをみると、そこそこ、まあまあのレベルのなかに入っていますよね。大人になるまでにはなんとかなったわけです。

おしっこをするとか、ことばを話すとか、そういう能力を支えている機能的・生理的な構造は、人類＝ヒトという生物として、またその個人のなかに前もって決められています。いつの時期にできるようになるか、ということも含めて、です。

「まあ、いつかはできるさ、小学校までオムツをしている子はいないよ」

昔のお年寄りは、オムツが取れないと心配するお母さんたちをそういって安心させました。

私たちも、あれこれ問題を持ちつつも、なんとか大人になったのです。子どもたちだって、今になんとかなるさ。あせったり心配したりしている人には、そういうふうにゆったり構えることの大切さを教えてあげたいと思います。

もちろん「そのうちにできるようになるから、なにもしないでニコニコして待っているだけでいい」とだけ言うのは間違いです。その子に必要な手立ては講じつつ、意識的なかかわりは保ちつつ、あとは本人の熟すときをじっと待つ態度が必要ということです。

子どもは発達途上人

子どもは発達途上人です。いろんな能力がでこぼこであたりまえです。長い年月をかけて、いろんな能力がだんだんに平均化されて、まあまあふつうの人になってゆきます。〝ふつう〟と称する大人たちだって一人ずつみれば、実はちっとも〝ふつう〟なんかではなかったりもします。

ことばが遅いのが心配で相談にみえるお母さんのうち、子どもさんに〝障害〟の兆《きざ》しがあり、そのことによってことばが遅いと予測される場合には、必要な療育的なかかわりなどを紹介します。

が、単にことばが遅いだけで、そのうち追いついていくだろうと思える坊やのことを、ものすごく心配しているお母さんにはこんなふうにお話しします。

「高校生にもなると、どんな子も『腹へった、メシまだ?』と『金、くれ』ぐらいしかいわなくなりますから、二歳くらいでことばが遅くても早くても、あんまり関係ないですよ」と。すると、お母さんたちはくすくすっと笑って、ほっとした感じになります。

「そうですよねー。私はそれほど心配してなかったんですけど、おばあちゃんがうるさくいうもので、だんだん心配になってきたんです」と。

眉間《みけん》によっていたしわが薄くなり、表情全体ががらりと変わります。すると不思議なもので、坊やの緊張した感じが取れ、たくさん声を出すようになり、見つけたおもちゃをお母さんに見せにいく様子が出てきたりします。

ことばが育つには子どものこころの安定が大事。そのために大切なのはお母さん、お父さんを含む養育者のこころの安定・安心感なのだなと、こんなとき、痛感させられます。

週に一回、一時間の「訓練」に通うとしても、一週間にはあと一六七時間もあります。睡眠時間をのぞいた後の時間が、ことばを育てるのにふさわしい楽しいものになるように、周囲の環境を調整してあげることが大事なのだと思います。

親や先祖の遺伝子を受け継いでいる——「人類はみな兄弟」

「人類はみな兄弟」なんていうと、おや？　新手《あらて》の宗教か？　と思われるかもしれませんが、まあ聞いてください。

私には親が二人います。祖父と祖母はあわせて四人。ひいじいちゃんひいばあちゃんは八人いて……というふうにずっと三〇代前までさかのぼると、自分の先祖は一〇億人いることになります。三〇代前とはほぼ一〇〇〇年くらい前のこと。一〇〇〇年で一〇億人とすると、人類一〇〇万年の歴史をたどると、私にはいったい何人の先祖が必要だったのでしょう？　さらに、人類が誕生する前には哺乳類しかいなかった時期があり、その前は爬虫類だった。陸にあがる前にはお魚だった時代もあり、さらにその前は……とさかのぼってゆくと、私たちの全員はそろって、四〇億年ほど前に海のなかでぷくっと誕生したといわれる最初の生命にまでいきつくわけです。

「いや、オレは絶対魚だったことなんかないゾ！」といい張っても無駄です。現在、ここに生命を持って存在している人はすべて、地球の生命四〇億年の歴史を一身に背負っているのですから。そして私たちの全員が、地球で最初に生まれた生命から、脈々と生命を受けついできたのですから。

それがさっき言った「人類はみな兄弟」ということの意味です。

親だ、子だ、といっていますが、「人類はみな兄弟」的な広ーい視野に立って考えれば、三〇年違いくらいで生まれた、たまたま同時代を生きる仲間ともいえるわけですよね。子どもがおもらしをしたとか、宿題を忘れたとかいったささいなことでガタガタ叱ってる場合ではないのかも……。お仲間さん、と考えれば。

さて、お魚さんだった時代、爬虫類だった時代、それぞれの時期の思い出が遺伝子に刻みこまれて、現在の人間の遺伝子をつくり出しています。脳のなかにも、「類的記憶」として大昔のことから今にいたるまでのことが蓄積されているといわれます。

三〇代前で一〇億人の先祖、全部では気が遠くなるくらいの数のご先祖さまのなかに、ひとりくらいはことばの遅い人がいても不思議ではありません。

ことばの遅い子を持つお母さんが、お姑さんに「うちのほうの親戚にはそういうことばの遅い子はいない」と言われて傷ついたという話をよく聞きます。

身のまわりの親戚にはことばの遅かった人はいないとしても、徳川時代か平安時代の先祖にそういう人がいて、その人に似たのかもしれません。もっとも、二〇〇年前には、みんな食べることに必死で、ことばが早いとか遅いとかいってるヒマはなかったかもしれませんけれどね。

ずっと前までたどっていくという考え方をすれば、全員がいろいろな意味でスネに傷持つ身。自分だけは大丈夫、なんの落ち度もない、と考えるのは間違いです。長い長い人類の歴史を考え、みんな同じじゃないか、と少し気を楽にして、物事や目の前にいる子どものことをみていきましょう。これが、私の基本的な立場です。

今「赤ちゃん学」がおもしろい

「日本赤ちゃん学会」が小西行郎さんを事務局長として組織され、類人猿の研究から最新脳科学、発達心理学、保育、ロボット工学まで、あらゆる最先端科学を横断的につないだ新鮮な研究が活発に行われるようになっています。

今までは赤ちゃんの発達は、もっぱら小児科のお医者さんを中心に話されてきました。生後何カ月でこれができ、次にはあれができ、と標準発達とか平均的なすすみ方を基準とする考え方が支配的だったと思います。

が、人間の発達のプロセスはそんなふうに直線上にぽんぽんとならんでいるものではありません。この機能をもとに次につながり、それが基本になってあっちの機能がすすみ、というふうに、実にうまく仕組まれた、総合的なプロジェクトであることがどんどんわかってきました。赤ちゃんの不思議に脱帽！　という気分。

コミュニケーションの発達についても、今までにない視点からの研究が行われていて、今まではわからなかったたくさんのいろいろな疑問に、答えをみつけるところみが始まりかけています。

赤ちゃん学の発展により、以前よりもはっきりわかってきたこと。

それは、「子どもの興味や関心を主体に、大人がそれにつきあうということが子どもの成長にとってもっとも有効である」「過剰な刺激や、無理な教え込みは害こそあれ、身につく効果が少ない」、そして「赤ちゃんは自ら発達の道を主体的に歩もうとしている存在である」ということです。

赤ちゃんは無力でなにもできず保護されるだけの存在ではなく、大人を巧妙に利

日本赤ちゃん学会
ホームページ　http://www.crn.or.jp/LABO/BABY/
〒162–8666　東京都新宿区河田町8–1　東京女子医科大学　乳児行動発達学講座内
電話03–5919–2285　FAX03–5919–2286

用して、たくましく、着々と成長しているのです。これにはびっくり。

ことばが遅いのは男の子のほうに多い

そうそう、「男の子はことばが遅い」って俗にいいます。

私が関わっている東京都C市の一歳六カ月健診、三歳児健診後の「ことばの相談」で、「ことばが遅い」との心配で相談にくるお子さんは、毎年男の子のほうが女の子の三倍から四倍あります。どうやら男の子のほうがことばの遅い子が多いんですね。

それと、お父さんとかお母さんとかおじいちゃんとかおじさんとか、なにしろ親戚の誰かがことばが遅かった、っていう人も結構います。顔かたちや体型と同じように性格とか発達の早い遅いも遺伝子で伝わるわけですから、やむを得ないかも。

背のびせず、「うちの子の花」の力を信じて、わが道を歩こうではありませんか。

ことばが遅い、そんなとき、どうする?

「うちの子の花」は、いつかは咲くと信じてはいるけれど、でもやっぱりことばが遅いのは心配。そんなとき、どうしたらいいの？　専門的な訓練をしたほうがいいの？

これはよくたずねられる質問。「実際にお子さんのようすをみないとなんともいえません……」が答えです。

近くに信頼できる専門機関があり、ことばや発達の専門職がいればいいですが、まだ、なかなかそういう相談機関が整っていないのが日本の現状です。

ただ、日本には、世界に誇る乳幼児健診の制度があります。検査し診断する「検診」ではなく健《すこ》やかさを診査する健診です。一歳六カ月健診や三歳児健診のおりに、または随時、市町村の保健センターなどの保健師さんに相談し、「遊びの教室」とか「親子教室」に参加してみるのもお勧めです。必要なことを考えてくれるでしょう。

保健は「健やかさを保つ」、衛生は「生命（いのち）を衛る（まもる）」という意味なのだそうです。保健師さんたちの仕事は重く、広いのです。

「健やかさを保つ」仕事のなかには、心配しているお母さんお父さんの悩みを聞いたり、遊びの場を提供することも含まれています。親子のこころの健やかさを保つための事業です。ただ、市町村によっては予算の関係とか人材の問題とかで、十分に配慮されていないところがまだあり、ちょっと残念です。

「言の葉通信」に問いあわせてみるという手もあります。ことばの遅い子、〝障害〟や〝障害〟かもしれない子を持つ親ごさんたちのグループです（連絡先、下欄参照）。

また、ST国家資格の有資格者の団体である「日本言語聴覚士協会」に問い合わせると、各都道府県の県士会を紹介してくれます。県士会はだいたい、どこにどんな人がいるか把握しているので、適切な施設を紹介してくれるでしょう（巻末にホームページアドレスをのせました）。ただし平成一五年現在では、まだ組織的に動きはじめていない都県もあり、サービスは均一ではありません、ごめんなさい。

相談機関や、受け入れてくれるところがない場合にはどうしましょうか？　まず最初におすすめしたいのは、必要以上に心配をしないで、とりあえず「ことばのビル」を建てる暮らしに取り組むことです（42ページ「ことばのビル」参照）。規則正しい生活、からだを使った遊び、いないいないばぁ、追いかけっこなどなど、おとなが楽しめて子どもも思わず笑顔になり、笑い声が出てしまうような遊びにつきあうことが一番です。

「言の葉通信」事務局
〒134-0091　東京都江戸川区船堀3-5-7-2002　FAX　03-5674-7588
ホームページ　http://www.e-baby.co.jp/circle/kotonoha/

4

ことばの育つ環境をつくろう

静かな場所がとても大切——テレビを消そう

「ことばが遅い」とご心配の一歳〜二歳代のお子さんの毎日のようすをおたずねしてみると、とても長い時間テレビやビデオを見ていることがあります。

極端な場合は、朝起きると習慣的にぱちっと大人がスイッチを入れ、気がつくと夜寝るまでつきっぱなしというお家もあります。

「子どもは見ていないから……」と、つけっぱなしにしていることも多いようですが、ことばが遅かったり、遅いかもしれないお子さんの場合は「ことばの芽が生えそろってくるまで、という期間限定でいいですから、テレビをやめるか、減らしてくださいな」と私はお願いすることにしています。

「減らす」目安としては、「テレビがついている時間の合計が一日二時間程度」、「三〇分のビデオを見たら巻き戻し視聴はせず、三〇分は消す」とお話ししています。

確実な根拠があるわけではありませんが、このような具体的な目標によって「テレビやビデオの時間を減らす」ということが意識されるといいなと思うからです。

私は、「なにがなんでもテレビが悪い！」と言うつもりはありません。「テレビのせいでことばが遅れるんだ！」と言うつもりもありません。

ただ、テレビにかぎらずＣＤであれ、テープであれ、常に音がバックに流れていることによって、聞く・集中するという大切なはたらきが育ちそこなうことが心配なのです。実際に、テレビの過剰な刺激が要因の一つかもしれないと思える「ことばの遅い子」がいるからです。

脳のなかの電線のある場所には、切り替えスイッチがセットされていて、自分が興味を持つ音が入ってきたらスイッチを入れて脳まで送りとどけ、必要ではないと思う音、興味のない音は、スイッチを切っています（77ページの図を参照）。

おなじ音楽を聴いても、詩を書く人はその歌詞ばかりに注目して伴奏のギターの音は聞けませんし、自分でバンドを組んでギターを弾いている人は、伴奏のギターの音が集中的に聞こえてくる。それと同じです。

必要ではないと思われる音は、耳までは入ってくるけれど、意識にまでは送り届けられず途中でカットされてしまうのです。このはたらきのことを「カクテルパーティー効果」といいます。カクテルパーティーのようなザワザワした場所でも、必要な相手の声だけはちゃんと聞きとれるというほどの意味です。

こういう選択したものにだけ注意を向けるやり方は、見る・聞く・味わう・触る、いろいろな面での「注意の向け方」全般にかかわっています。

一、二、三歳の小さい子や、障害の可能性のある子どもは、この「必要な音を選んで聞き取るはたらき」「注意を向けるはたらき」が未熟なため、何種類もの音が混じりあって聞こえるなかから必要な音だけを取り出して聞き取ることが非常にむずかしいのです。混じりあった音はわけのわからない音、つまり雑音として聞き流してしまうのかもしれません。

食事時にテレビがついていて、「おいしいね、このカレー」というお母さんの声と天気予報の「あしたの東京地方の天気は」とがまぜこぜになって、こんなふうに聞こえているとしたらどうでしょう？「あおしいたしのぃとねうこきょのうかちれほーう……」あらまあ。ちんぷんかんぷんですね。

ことばが「意味」を持って子どもの耳に届くようにしたいのです。そのために、なるべく静かな部屋で、お母さんやお父さんの肉声だけが聞こえるような状態で、その子が興味を持っているものについて、話しかけること

がとても大切です。

■大人にとってテレビを消すことの意味

「テレビを消してみませんか?」とお願いしても、実行してくださる方は少ないのが現状です。お母さんが消したくてもお父さんがネックになることがあります。先日は、「お父さんがテレビ中毒で、休みの日は一日中つけてます。消すと怒るんです。寝てるときまでつけてるんですよ」とお母さんが嘆いていました。

さて、テレビを意識的に減らしてくださった方で三カ月後の相談のおり、お子さんのことばがめざましく伸びていることがあります。そんなときは、ああ、よかったな、と思います。もちろん、「ちょうど伸び時」にさしかかっただけで、実はテレビを消さなくても伸びたのかもしれないのですけれど。

でもそんなお母さんが共通しておっしゃることがあります。

「テレビがついていたころは、隣の部屋で遊んでいてくれたりすると、私も自分の仕事に熱中して、子どもが声を出したりしても全然知らんぷりだったんですね、きっと。今は、子どもがちょっとでも声を出すと聞こえるので『どうしたの?なに?』って振り向いたり声をかけてやったりするんですよね。そのせいか、子どもが『みて、みて』とか『ママー』とか言うことがすごくふえて、わずらわしくはあるのですが、でも、こうやって手間をかけてあげないと、ことばって伸びていかないものだったんですね……。ちょっと反省してます。間にあってよかったです」と。

■集団のなかでの配慮

保育園や幼稚園、学校などでは子どもたちが元気に遊びます。それは大事なことですが、「音」の環境からみると、少々にぎやかすぎて、音の取り入れには向かないな、と思うことがあります。かといって集団での生活がメインである以上「静かな場所」をつくってあげるのは、むずかしい。それでもできることはあります。

とくに、ことばの遅い子や、集中力に乏しい子に対しては、遠くから大きな声で何回も声をかけるより、近づいて耳元で「○○ちゃん、今から△△するよ」と話してあげるほうが、ずっとわかりやすいことがあります。

また、耳で聞くだけでなくジェスチャーや指さしなど、視覚的な手段を付け加えてあげることもとても助けになります。

子どもの興味や注目を大切にする——共同注意の成立

なるべく静かな場所で話しかける。子どもに注目して、子どもの今の興味にあわせていく。これは共同注意＝ジョイント・アテンションということと、密接な関係があります。

ジョイント・アテンションというのは、日本で「三項関係」といわれることとかなり重なっている概念です。

私が「バナナだね」と言いながらバナナを見ます。子どももバナナを見ます。バナナを中心にして、私の目と子どもの目とが、このバナナに集中しています。そして私と子どもとのあいだに三角形の関係（バナナを中心にして、私がバナナを見ている・子どもがバナナを見ている）ができて、「おなじもの見ているよね〜」という、共有の関係ができる。これが三項関係といわれるものですが、そのためには、二人が同じものを見ていなければなりません。

私がバナナを差しだしながら「はい、バナナだよ」と言っているときに、子どもがそっぽを向いて窓のカーテンを見ていたとしたらどうでしょう？　カーテンを見ているときに「バナナよ」と声が聞こえたら、カーテンのことを「バナナ」だと覚えてしまうかもしれません。

子どもが台所で泡立て器で遊んでいるときに、玄関のチャイムが鳴ってお母さんが「あらお客さんだわ」と言うと、子どもは泡立て器を「お客さん」かなと思ってしまうかもしれません。

もっとも、実際には、こういうことはあまりないのだそうです。日常生活のなかでは、子どもが見ているものではないものについて、大人がことばをかけることが非常に多いにもかかわらず、子どもはちゃんとそのものの名前を覚えていくとされています。

なにかうまい仕組みがはたらいているらしいのです。

さて、目でものを見る仕組みはとても複雑です。

「ほら見てごらん、バナナだよ」と言われて、私たちの脳が「そっちを見よう」と意図してそのように命令を出すと、目を動かすための動眼筋という六個の筋肉がそれぞれはたらいて、眼球が目的の方向に固定されます。目を向けただけでは、まだ見ていることにはなりません。目玉をそちらの方向に向け、焦点距離をあわせ、意識（注意＝attention）もそこに向けたときに、初めて子どもの脳のなかには、バナナの絵（形）が映ります。

ところが、小さい子や、発達に心配なところのある子どもたちのなかには、注意を向けることや、眼球の位置を動かしていくのがじょうずでない子が多いのです。

「ほら見てごらん。バナナだよ」と言われて、そのことばに即座に反応し、バナナの方に視線（眼球の位置）を動かすことがむずかしい。首と目をこっちに向け、「ここ、ここ、ほら見てごらん」と言われたものの方に注意を向け、やっとバナナの絵が脳のなかに映ったときには、すでに大人は「バナナだよ」と言い終えて「ほら、これはスプーンだよ」に取りかかっているかもしれないですね。

そういう意味で、「ほら見てごらん」と言って、子どもの注意をこちらに向けさせて「ほら、バナナだよ」と教えるよりは、子どもが見ているものについて話してあげるほうがいいのです。大人としては「バナナ」を教えたい、としても、子どもがカーテンを見ているのなら、それにあわせて「カーテンだね。カーテンがふわーってゆれてるね」と言いましょう。自動的に共同注意が成り立つからです。

視覚的な注意が向いていると同時に、聴覚からも音が聞こえるので、「あ、カーテンか」とわかるというわけです。子どもの行動をよくみて、子どもが今興味を持っているものにあわせてことばをかけていくことは、それほど簡単ではありませんが、でも、とても大切なことです。

もちろん四歳、五歳と年齢を重ねるにつれて、子どもの興味に大人があわせなくても、「じゃあ、これを見て」と言えば、それに注意を向けてくれる場面が多くなってくるでしょう。

でも「子どもに注目しながら子どもの興味にあわせる」ということが、いつも、実はいちばん大切なのだ、ということを忘れないでください。

一対一の時間の意味

子どもの興味にあわせてことばをかけることが大事、といいました。そのために、とくにことばの遅い子の場合は一対一の時間が大事なのです。完全に自分ひとりの興味にあわせてもらえるからです。

「ことばが遅いので先生の指示が聞けるようにリトミックの教室に入れました。でも全然みんなといっしょのことをやらずに勝手に動きまわっています」というお話もよく聞きます。同じような小さい子と遊ぶ時間はそれなりに大事ですが、それよりも大事なことは「自分の興味にあわせて動いてくれる人」の存在です。

そのために、一対一の時間がなんといっても大事なのです。

兄弟がいたりすると、一人だけを相手にする時間はかぎられてしまいますが、一日に五分でも、一〇分でも、同じ目の高さになって、その子の「こころ」につきあう時間をつくってください。

「きく」ということばは、いくつかの漢字が当てられますね。聞く、訊く、尋く、聴く……。

「今日、幼稚園でいい子にしてた？　お友だちを泣かさなかった？」は訊問みたいなものですから「訊く」でしょうか？

「聞く」は耳を入り口（門）にしてきくことなので、ちょっとドライな印象です。「聴く」が、一番深い意味を持っています。これは「耳を心の窓にしてきく」という意味なのだそうです。右上の部分が窓のかたちを横にしたものをあらわす、という説明を聞いたことがあります。

子どものこころにつきあう、子どものこころの声につきあうという意味で「聴く」ことをこころがけましょう。私たちは一度にたくさんの人のこころを感じとるのはむずかしいのです。そんな意味もこめて「一対一で過ごす」時間が大事というわけです。

「一対一で過ごす」というと、なにか遊んでやらなければならないのかと思う方もいるかもしれません。なかなか楽しい遊びをみつけられない子と、一対一で遊ぶのは負担だな、と。そういう場合は、たとえば、「いっしょにおやつを食べる」とか、「いっしょにご飯を食べる」のでもいいことにしませんか？　ただし条件があります。「テレビは消して」です!!

または「いっしょにトイレにいく」ではどうでしょう？　トイレにアンパンマン

の切り抜き絵などが貼ってあれば、十分「ことばかけ」「共同注意」のチャンスにもなりますね。

こんなふうなことにとくに注意しながら、二章で紹介した「ことばのビル」をつくるようなことを積み上げていただければいいと思います。

具体的なからだや脳の育ちについては「感覚統合」の本や「脳のはたらき」についての本を参考文献としてあげておきました。

5

ことばの遅い子、ちょっと気になる子

Speech と Language にわけたことばの心配（障害）

私たちSTが対象とする「ことばの心配や障害」をSpeechとLanguageにわけて整理してみました（次ページ表）。

1から4までが「ことばの遅れ」の主な要因と考えられます。

■Speech（音声言語）の問題

まず表の右側のSpeech（音声言語）の問題です。

《音声障害》はしゃがれ声、かすれ声などのように声がうまく出せないもので、のどや声帯等の問題が考えられます。

構音—共鳴の障害は《口蓋裂》があるためにきれいな発音（構音）ができない、とか、サシスセソがいえないといった《構音障害》などです。

話しことばの流暢《りゅうちょう》性の問題、なめらかに話せないのが《吃音》です。吃音は表面上は話しことばの障害ですが、脳のなかのどこかに、こころの問題も含めて、なにかうまくいかないところがあるのだろうと考えられています。

■Language(言語)の問題

表の左半分のLanguage（言語）の問題とは、脳のなかで起こっているなんらかの問題です。

ことばを話させる場所は、脳の左側、左耳のちょっと上のあたりにある言語野《げんごや》という場所です。その場所が損傷されるとうまく話せない状態が起こります。

また、左耳のちょっと後ろのあたりには、聞いて理解するための聴覚野・聴覚領という場所がありますが、そこをケガしたり、血管が破れたり詰まったりするようなことで損傷されると、話されていることがよくわからなくなります。

このように、話そうと思っても話せない、あるいは相手の言っていることが理解できない状態のことを失語症といいます。豆電球そのものの〝障害〟です。

次が言語発達の問題です。

言語発達が遅い・遅れるということについては、いくつかの状態・原因・要因が考えられます。1から4ま

Speech と Language にわけたことばの心配（障害）

Language（言語）の問題		Speech（話しことば）の問題		
言語発達	言語機能			
		発声の障害	構音―共鳴の障害	話しことばの流暢性の障害
1　難聴 2　中枢神経系の問題 ★精神発達遅滞 ★自閉症圏障害（広汎性発達障害） ★学習障害　ＬＤ ★ＡＤＨＤ 3　発達速度の問題 ☆単純なことばの遅れ 4　脳性まひ	△失語症	△音声障害	△構音障害 △口蓋裂	△吃音

で、書きました。

1の《難聴》があるとことばは遅れますし、4《脳性マヒ》があると認知の障害などもからんで、ことばが遅れることが多いです。

3の《発達速度の問題》は、俗に「おくて」といわれる子のことです。三歳まではほとんどことばをしゃべらなかったのに、三歳のお誕生日の声を聞いたら、突然しゃべりだして、数週間か数カ月の間にとても達者にお話するようになる子が、年に何人かは必ず現れます。男の子に多いですね。

先日もそういうお子さんがいました。一歳九カ月のときからずっと三カ月おきにフォローでお会いしてきました。最初に会った一歳九ヵ月のときから、耳は聞こえているし、こちらの言うことはなんでもわかっていて、行動面はたいしたものなのですが、ことばは全然出ていません。「ことばをしゃべる条件は全部整っていますから、近いうちにきっと話し始めますよ」とお話しし、三カ月後の二歳でお会いしてもあまりふえていない。では、二歳三カ月でお会いしてと、時がたってゆきます。

わかることはどんどん高度になっていくのに、しゃべるほうは全然進歩がない。二歳九カ月ごろからポツポツと単語はふえてきましたが、あまり思わしくない。三歳直前になってもあまり変化がない。これは「特異的言語発達障害」といわれるような、言語野そのものに限定された特殊な問題を持っている可能性があるとして、考えを切り換えなければいけないかなぁと思いながら、三歳二カ月のときにまたお会いしたら、そのときはもうベラベラになっていました。

お母さんは「ちょうど今日の朝も『納豆はいやだ、鮭《さけ》がいい。冷蔵庫にあるでしょう、ママ出してきて』と言うので、それでケンカをしてきたところです。今思えば、しゃべらないときのほうがかわいかったです、先生」と苦笑いしておられましたが、そんなふうに急激に伸びてくる子にときどきお会いします。

そこまで極端でなくても、二歳半ぐらいまで単語をポツポツくらいしか言わず、「遅いなぁ」と思っていると、そのうち段々追いついていってという、そういう「単純なことばの遅れ」、いわば「おくて」の子が三番目にはいります。

■「中枢神経系の問題」とは?

さて、最後が2の《中枢神経系の問題》です。

「中枢神経系」といわれるとなんだかオソロシイ感じがしますが、これは二章でお話した「脳幹」「大脳辺縁系」「大脳」の三つをあわせたもののこと。脳幹部(頭でいうと「ぼんのくぼ」)よりも上の場所、三段階分の脳をまとめて、中枢神経系といいます。「中枢神経系になんらかの問題がある」ということは、そのどこかに、なにかうまくいかないところがある、という意味です。

「問題」の中身としては、豆電球がちょっと暗いとか、電線が細いとか、スイッチの切り替えがうまくいかないとか、一本の電線を流れる電気がとなりの電線にもれてしまうとか、そういったことです。

五〇歳を超えて人の名前が思い出せなくなってきた人、モノスゴク勉強が苦手だった人、勉強はいいけど運動神経がからっきしダメだった人、こういう人たちはみんな大きな意味では「中枢神経系になんらかのモンダイ」があるということになります。性格とかこころとかいうものも最終的には脳が関与しているので、イライラしがちな人とか、人並みはずれてノンビリしている人なども、いわば「中枢神経系にモンダイあり！」といってもまちがいではありません。

そもそも、なにひとつモンダイをもってない人がいるとしたら、そのほうがずっとモンダイだ、と私はひそかに考えているのですが。

冗談はさておき、「中枢神経系の問題」とは、具体的な診断名・障害名で言いますと、精神発達遅滞・自閉症スペクトラム（広汎性発達障害とも言います）・学習障害（ＬＤ）・ＡＤＨＤ（注意欠陥多動性障害）などが含まれます。

「ことばの遅い子」のなかには、ことばは遅いけれどもゆくゆくは〝ふつう〟になるかもしれない子（おくての子）と、中枢神経系になんらかの問題があり、〝障害〟の兆しとしてことばが遅いのかもしれないというさかいめの子どもたちが多く含まれているのが特徴です。

専門家といわれる私たちでも、ある程度の長い時間をおつきあいして、成長を見届けてやっと安心できることも多く、早々に判断できないことが多いのです。

この子たちをどう理解し、どう育てていったらいいのだろうかということを、ひきつづき考えてみます。

中枢神経系のなんらかの問題

「中枢神経系になにかの問題」があるというのは、脳幹部の電線の本数はそろっているけれども電気の通りが悪いとか、あるいは、本来つながっているはずの配線工事が未完成なために点灯しない豆電球がかたまっているとか、豆電球の数はそろっているけれどふつうよりも小さめで明かりが暗いとか、電線の電流が漏れないようにする仕組みが弱いために本来上に流れていくべき電気信号がうっかり隣側の電線に漏れて、行ってはいけないほうに情報が流れて行ってしまうというような、なんらかの〝不具合〟を持っているということです。

どの分野においても非の打ち所のない人はありえません。多かれすくなかれ人は能力のでこぼこを持っています。社会生活を営む上で著しく支障をきたす場合に初めて「中枢神経系のなんらかの問題」の可能性を考えてみればいい、と思います。〝障害〟と決めつけるためではなく、そういう可能性を考えることによって、子どもの状態を理解し、受け入れやすくなることが目的です。

脳幹部という場所は、電線が束になって走っていますが、この電線には、途中に切り換えスイッチが何個かあります。自分にとって必要な刺激は、スイッチを入れて大脳のなかの豆電球（意識）まで送り込み、いらないな、と思う刺激は、途中でスイッチを切って、それ以上送らないようにします（次ページの図）。

■ADHDとは?

このスイッチの切り替えがうまくいかないと、「今はこの話を聞こう、だからスイッチを入れよう」と思ってもスイッチがうまく入らなかったり、また、「黒板に貼ってある日直さんの名前は無視して、先生が見せてくれている七夕飾りのつくり方に注目しよう」と思っても、どうしても「日直さんの名前のカードを注目せよ！」モードから意識を切り替えることができません。「注意の向け方がうまくコントロールできない」という意味で「注意欠陥（Attention Deficit）」といいます。

その結果、まとまりのない落ち着きのない行動をするので「多動（Hyper-

Active)」といい、この二つをあわせてＡＤＨＤ（注意欠陥多動性障害）といわれています。

社会生活を営む上で著しく支障をきたすほどではなくても、ＡＤＨＤ〝ぎみ〟の人はあっちにもこっちにもみつけることができます。大人になってリーダー格になる人や、創造的な仕事をする人にはそういう人が、結構多いように思います。

お友だちがちょっとさわっただけで相手をけとばしたり突き飛ばしたりする。なにもそんなに乱暴しなくても、と大人は思いますが、ＡＤＨＤの子の多くは脳のなかの電気の流れが暴走して「乱暴するはめになって自分が止められない」「かんしゃくが起きてしまう」という状態にあると考えられます。

「こまった子」「育てにくい子」と思われがちですが、本人は必ずしも悪気でやっているわけではありません。年齢がすすんでことばで自分の気持ちを言えるようになってくると、そのことが明らかになってきます。

小さいときから「こまった子」とみられ、叱られ注意されつづけてきた子たちの思春期はなかなか大変です。そのことからみて、幼

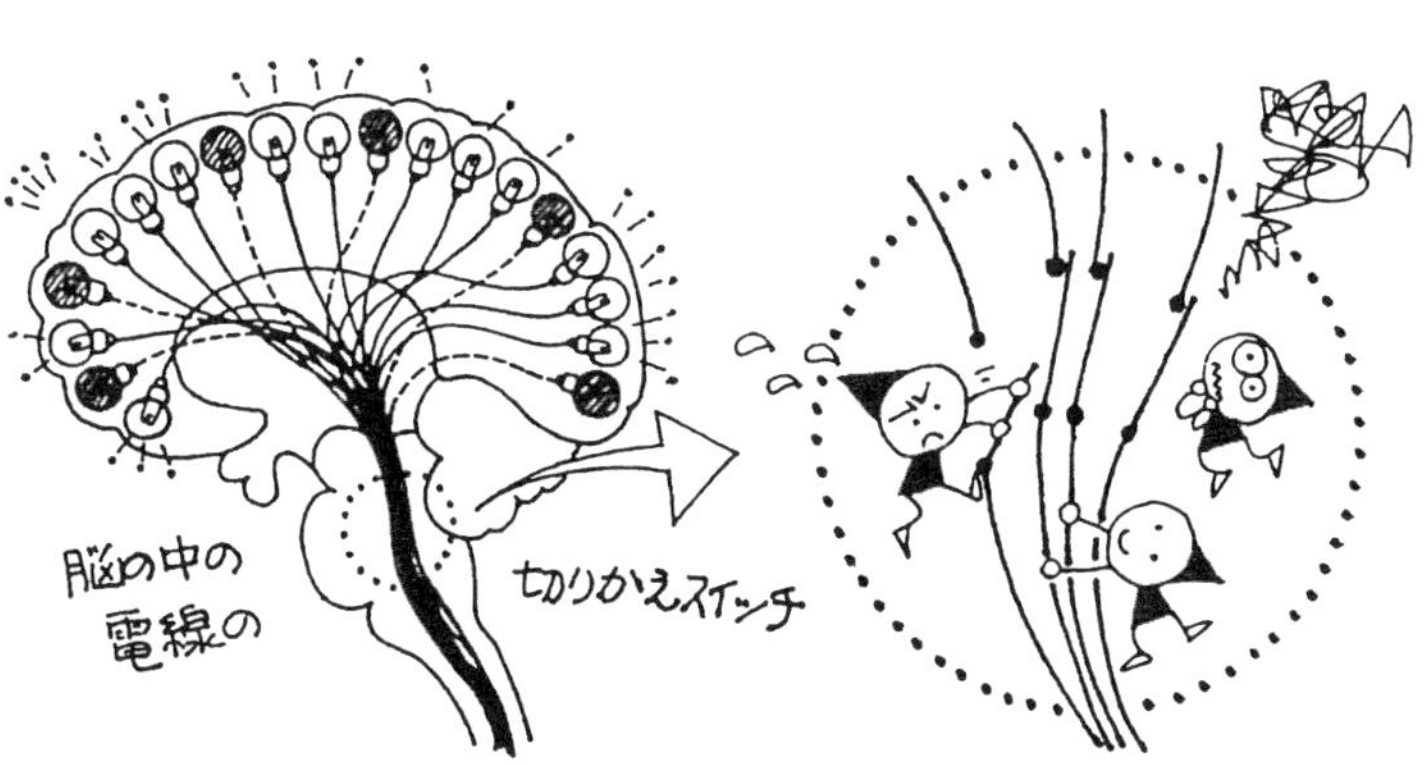

（『月刊地域保健　2000年４月号』地域保健研究所より）

児期から「こまった子」ではなく「こまっている子」として受け止め、「静かな環境で」「一対一で」「じっくりと」「本人の興味にあわせて」理解できるような話しかけ方をするようにつとめましょう。

耳から聞くだけでなく、目でみてわかりやすいような環境をつくり、理解できることをふやし、叱られることよりもほめられることをふやすような接し方をすることで、能力面でも、社会性の面でも伸びてゆくことが明らかになってきています。昨今はとてもわかりやすい解説書がつぎつぎと出版されています。

■LDとは?

ＡＤＨＤとおなじように「知的な能力には大きな遅れはないものの、できることとできないこととの差が大きい」という子どもたちです。

字はとても早く読めるようになったのにボタンがはめられないとか、昆虫にかんしては物知り博士なのに靴の左右がいつまでもわからないとかです。二~三歳ころにはそういう能力のアンバランスはあたりまえのことですが、五歳~六歳になってもまだ持ち越していくとすると単なる個人差ではなくて、ＬＤ（Learning Disabilities＝学習障害）の要素があるのかな？　と考えてあげたほうが子どもも親も楽になれるのではないかと思います。

ＬＤと判断できるのはおおむね学童期に入ってからです。幼児期には「？」をつけて「ＬＤサスペクト（可能性がある）」と呼んだりします。

周囲からはわかりにくいＡＤＨＤやＬＤの子どもたちですが、ともに、当人の「こまり方」に心をよせ、「ちゃんとしなさい！」と命令するかわりに、わかりやすい環境を整えた上で「よくがまんできたね」「お母さん（先生）はうれしいわ」とたんたんと接していくことが大事です。

「なぜ、こんなに短気な私のところに、こんなに手のかかる子がきたの？」と叫び出したいこともあるでしょうが、その答えは神のみぞ知る！

親であることをやめてしまうわけにはいかない以上、現実を引き受けざるをえません。一人きりで悩むのではなく周囲の力を借り、情報を仕入れつつ育ててください。探せば、応援してくれる人もたくさんいるはずです。

■自閉症スペクトラム（広汎性発達障害）とは？

目があわない、人とのかかわりがとりにくい、指さしをしない、決まりきったおもちゃで遊ぶ、それも通常に考えられる遊び方とはちがう遊び方をする、といったお子さんたちです。たとえば、ミニカーを押して「ブッブー」と遊ぶのではなく、畳のへりに一列に並べて腹ばいになってじーっと見るだけで、ちょっとでも列が乱れると大さわぎするといったようなことがあります。

用語が不統一なためにわかりにくいところがありますが、私はこのあと「自閉症スペクトラム」という用語を使うことにします。スペクトラムとは連続体という意味です。虹の色は、赤から橙色、黄色とつづいて青、紫までいく七色。が、その中身はというと、橙色に近い赤もあれば、青にかぎりなく近い緑もあります。連続しているので、どこからどこまでが何色、と決めることはむずかしいのです。

自閉症スペクトラムもそれに似て、かぎりなく〝ふつう〟に近い、でもちょっと変わった子から、かなり自閉症の様相が濃い子までいろいろいます。

この子たちの了解不能な行動の数々も、「脳のなかの切り替えスイッチがなんだかうまくはたらかなくて、外界がどうしてもそういうふうに見えてしまう、そういうふうにやりたくなってしまう」ことなのだと理解するのが一番です。

そして、無理やり正しいやり方を教え込もうとしたり、やめさせようとせずに、子どもの気持ちにじょうずにつきあい、楽しい時間をふやすようにすれば、だんだんに世界がひろがっていくものです。

一番親しい人である親や保育者と「いないいないばぁ」や、くすぐりっこをしたり、追いかけっこをしたりして人といっしょに遊ぶ楽しさを十分に味わうと、次の段階である親以外の人や友だちとの関係に広がってゆきます。

Hくんは、小さいころかなり自閉的でしたが、お母さんが言うには「そのうちだんだん目がさめて」きました。小学校の四年生くらいからですって。

保育園のころは、プールに入ると殺されそうに（？これもお母さんの言）泣きわめいて大変でした。年中ぴょんぴょん跳んだり、ひまがあると目の前で手のひらをちらちらさせていました。

大きくなってからお母さんがたずねると「手をちらちらやると電車が見えたから」、プールがいやだったのは「だって、水のなかに入ると自分が溶けてしまいそうだったもん」と教えてくれたそうです。

その彼は、今は、コンピューター会社の技術者です。「オタクなんですよ」とお母さんは言っていました。自閉症スペクトラムの一種であるアスペルガー症候群だったのではないかと私は推測していますが、はっきりした診断を受けてはいません。

■触覚のはたらきに注意深くなろう

おっかけっこやくすぐりっこをして遊ぶのがいいと言いましたが、こうした子どもたちは触られることや抱き上げられることで、異常なほどくすぐったかったり嫌な感じがしたりすることがあるので、大人が「さあ、楽しいだろう！」という思い込みで強引に遊ぶのには慎重さが必要です。

これは触覚に相異なる二つのはたらきが含まれているためです。

一つは「原始系」です。これは外界にある「対象（エサ）に向かう」「敵を攻撃する」「敵から逃げる」という三つの要素を含む原始的な反応です。

突然の停電。まっくらな台所をはだしで横切って懐中電灯をとりにいくとき、足の運びはおのずと慎重になります。なにかひやっとしたものが足の裏に触ると思わずキャッと叫んで飛び上がります。明かりをつけてみたら、こんにゃくの切れ端が落ちていただけのこと。なあんだ。

これは、暗い不安な状態のなかでは「危険なものから逃げよう」という原始系の防衛のはたらきが優勢になっているために起こる行動です。ぬるっとした冷たいものは生命に危険を及ぼす悪者かもしれないからです。

子どもたちのなかには、このような触覚的な防衛のスイッチが常にオンの状態になっていてなにが触っても「キャッ」となってしまう状態であると考えてあげてください。たとえ目で見えていても、「キャッ」「ビクッ」となってしまうのです。

とくにわきの下とか、首筋とかおなか側とか、顔とか腕や手などは、とても敏感です。過敏といったほうがいいかもしれません。そうっと触るよりも、ぎゅっと強くさわってしまったほうがいい場合もあります。触られたという触覚よりも、「圧覚」（押された）という感覚のほうが防衛を招きにくいからです。

お母さんに抱かれるのは嫌がるのに、お父さんや実習生の男性保育士には安心した様子で抱かれるのは、男性のごつごつした感触のほうがいいからかもしれません。

さて、こういう子は乳児期に抱き上げても、のけぞって大暴れして泣き、ベッドに寝かせると静かにおとなしくなったのではないでしょうか。親である私が抱いているのに、なぜそんなに嫌がるのかと親としての自信を失いがちになりますが、それはお母さん・お父さんのせいではありません。子どもの持っている神経系のスイッチの入り方の不具合が第一の原因なのです。

触覚のもうひとつのはたらきは「認知・識別系」です。

これはポケットに手を入れて定期ではなくカギを取り出すとか、ハンバーグのタネを混ぜるときにパン粉の塊がないかどうか注意深くこねる、などの際に使われるはたらきです。キャッと逃げるのではなく、積極的に触りわける、触覚を感じるというはたらきです。

この識別系のはたらきがじょうずに使えるようになると、触られるのがいやさに逃げまどうということはなくなってきます。誰がどう触っているのかが理解できるようになるからです。

〝障害〟やその心配のある子だけでなく、一般の子どもたちも幼いうちはこのような感覚、とくに触覚にかんする未熟さやアンバランスな部分をたくさん持っています。偏食なども、味覚だけでなく、食感・触覚が影響していることが多々あると考えられます。「食べないと大きくなれないよ」とおどかさないで、さりげなく食卓にのせつづけ、周囲の大人がおいしそうに食べている姿を見せていれば、おいおい食べるようになることも多いものです。

触覚的な防衛の度合いがゆるみ、許容できる触覚（食感）の範囲が広がったためかもしれませんし、気持ちの上での「安全な感じ」が広がったせいかもしれませんし、実際に味覚が変わったからかもしれません。よくはわかりません。

〝障害〟があるにせよないにせよ、感覚の過敏な子は、本人も大変ですが、周りの大人にとってもも理解しがたい面があります。「君はこういうふうに感じているのかもしれないね。さぞかし大変だろうね」と想像し、「だから嫌なんだね」と理解し、「わかった。とりあえずはそれでよしと認めてあげよう、でも徐々には慣れていってね」という思いで気長に接していくことが大事なのだと思います。

こういった意味で、感覚面やからだの動かし方の面から子どもを理解してゆくためには「感覚統合」という考え方が役に立ちます（『感覚統合Q＆A』、佐藤剛ほか著、協同医書）。

触覚のことを中心に述べましたが、これ以外に、自分の体が重力に対してどういう位置を保っているかを感じる「前庭覚」という感覚や、自分の筋肉や手足の関節がどんなふうな位置を取っているか、どんなふうに動いているかを感じる「固有・受容覚」という感覚もとても重要です。

■前庭覚

前庭覚とはなにか？

私たちは目を閉じても、重力の方向を感じています。頭のてっぺんから足のほうに向かって重力がはたらいている。頭のほうが上で、足のほうが下。

顔の向いているほうは前で、反対側は後ろだというようなことは、重力を基準にした自分のからだの正中線（体の正面をまっすぐ上下につなぐ線）の感覚をもとにして感じています。上と下。正中線を基準にして右と左。

スムーズな神経のはたらき方をしている子どもや大人には、なんでもない簡単なことです。これは耳の奥のほうにつながる脳のはたらきで「前庭覚」といいます。

この「重力に対する自分の位置の感覚」を基準にして、「自分」という存在のイメージ、ボディイメージができてきます。

ところが、上とか下とかがはっきりせず、からだの正中線が不明確で、前と後ろが感覚としてわからない子がいます。ひとところに静止すると「自分」がどこにどう存在しているか定かでなく、不安になる。そこで、代わりにピョンピョンピョンピョンと跳んで、上下に動いたりぐるぐるまわったりすることで、「僕のからだは今、こっちを向いているんだな」と一生懸命把握しようとします。

前庭覚は眼球を動かす動眼筋をあやつることと深く関係します。前庭覚が確立していないと、焦点をあわせて見ることや、一つところにじっと目をとめて凝視することがじょうずにできない、などの行動につながるといわれています。

抱き上げられると目がまわるような不快感におそわれることもあるようです。

赤ちゃんのころに抱き上げると泣き、ベッドに寝かせておくとおとなしかったという赤ちゃんのなかには、抱き上げられるとき

の触覚が嫌だった子もいるでしょうが、この前庭覚に不具合があって、嫌がった子もいると思われます。

■固有受容覚

固有受容覚というのは、筋肉の収縮の度合いや、関節の曲がり具合などを自分でフィードバックするはたらきをつかさどっています。実験台になった人に目をつぶってもらい、その人の右手に手を添えてキツネの形をつくらせます。そして「左手を同じ形にしてください」と言ってみます。たいていの人は難なく左手をキツネの形につくることができます。

これは「親指はこういう形、人差し指はこういう形……」と右手のそれぞれの指をあやつる筋肉や関節がその収縮の度合いや曲がり方の角度を脳に知らせ、左手にも「同じ角度で曲げなさい。指の筋肉は同じ収縮の度合いにしなさい」と命令してくれるからです。この感覚のことを固有受容覚といいます。

ところが、「中枢神経系になんらかの不具合」があって、脳に行く電気信号の伝達がうまくいかないと、どこをどうやれば、指が曲がるのか、だいいち、指がどんなふうに曲がっているのかを感じるはたらきがおぼろげになってしまいます。

その結果、不器用だったり、おゆうぎをいつまでたっても覚えなかったり、ボタンがはめられなかったり、いくら教えても箸が使えるようにならないといったことがおきます。

「中枢神経系になんらかの不具合」がない幼い子でも、条件は同じです。指使いがじょうずでなく、不器用ですものね。両者とも「発達途上にある」「これから上手になる可能性がある」という点では同じです。

ものごとは明るく考えなくてはね。

■精神発達遅滞(知的障害)

知的発達に明らかな遅れがある場合は、首すわり、寝がえり、おすわり、はいはい、歩行などが通常より遅れることで気づかれます。単に大器晩成型の大物赤ちゃんである場合もあるので、軽率に断定はできませんけれども。

早くから気づかれるほどの明確な遅れがなくても、年齢がすすむにつれて、だんだんほかの子との差が開いていくというお子さん、知的障害があるとしても軽度なお子さんのことを考えてみます。

この子たちも「ことばが遅い」状態を共通して持っていますが、ことばの発達は個人差が大きく、とくに三歳代まではとても幅が広いので、なんともいえないということがあります。

「ことばが遅いだけですから、そのうちに追いつくと思います。心配していません」とおっしゃるお母さん・お父さんも少なくありません。

お母さん、お父さんを脅かすのは本意ではありませんが、「そのうちになんとか伸びるだろう」が半分の真実を含んでいるとしても、ちょっと遅めみたいだと気づいた時点から、「ことばのビルを建てる暮らし」「ことばの育つ環境づくり」に意識的に取り組むのが大切であることはいうまでもありません。心配はしなくてもいいですから、対応はしていただきたいと私は切に願っています。

もう一度ここで「クリティカルシンキング」の表を出してみます。

子どもの伸びる力と環境をそれぞれの軸に取ります。

子どもの伸びる力（生得的因子）を「強い」「弱い」にわけ、子どものおかれた環境が「意識的な（ていねいな）かかわり」「大ざっぱな（不十分な）かかわり」にわけてみます。

表3　ことばや発達

かかわり方 ＼ 伸びる力	伸びる力が強い	伸びる力が弱い
ていねいなかかわり（望ましい環境）（豊かなことばかけ）	ていねいなかかわり 伸びる力が強い A	ていねいなかかわり 伸びる力が弱い B
大ざっぱなかかわり（不十分な環境）（ことばかけがない）	C 大ざっぱなかかわり 伸びる力が強い	D 大ざっぱなかかわり 伸びる力が弱い

A・C　ことばや発達は順調
B・D　ことばや発達が遅れぎみ

伸びる力がもともと強い子は、アバウトな環境だろうが、テレビがつき放題だろうが着々と力をつけていきます。

伸びる力が弱くても、ていねいなかかわりにより、力をつけていく子もいます。問題はDの子です。もしかしたら、中枢神経系になんらかの問題があって伸びる力に弱さがあった場合で、テレビ・ビデオづけ、生活リズムは乱れ、からだを使う遊びは全然経験してないとなると、もともとの弱さを増幅しないともかぎりません。そういう場合は、早い時期から、できれば二歳代前半から、意識的なていねいなかかわりをしていってあげるにこしたことはありません。

からだを育て、こころを育み、知力・学力をその上に乗せてゆくことをめざし、子どもが今現在好きなことや好きな遊びをみつけ、そのことにつきあってゆくことが、大切です。〝障害〟があろうとなかろうと、子どもの育ちの王道は共通です。

6

こころの育ちを大切に

焦らない、急がせない、みんなで支える

子どものことばが遅いと、周囲からは「お母さんのことばかけが足りないんじゃないの?」とせめられがちです。世のなかの大半の人はまだまだ「ことばが遅ければことばを教えればいい」と単純に思っていますから。

ほんとうに大事なのは、ことばを一方的に聞かせるよりも、いっしょに楽しく遊び、コミュニケーションを育てることなのですけれど。

「いい子ね、かわいいわね」と言わずにいられないようないたいけな子たちを、心配色のめがねをかけて見なければならないお母さんたち。また子どものことばが遅いことで、自分の子育てが否定されるかのように引けめを感じているお母さんたち。お母さんたち自身も社会の考え方の影響を大きく受けています。

今の日本の社会は、子どもを「できる」「できない」でみたり、早く上手にできるのがよいことで、遅くてゆっくりなのは悪いことだというような見方でとらえる考え方が圧倒的です。

また、子どものことは母親の育て方の責任と決めてかかっているようなところもあります。

遅くてゆっくりな子は、教え込み、覚えさせて、なんとか正道に立ち戻らせなければならないとか、遅いということをなにか欠けたことのように思って、それをなんとか埋めて、正常、まん丸に、みんな均一にしなくちゃいけないという、強迫観念にとらわれているように私には思えます。

ほかの子より遅くて、形としては欠けているようにみえて、一部がへこんで凹になっているピースがあるからこそ、出っ張りすぎている凸の子と隣同士にあわせると、うまくはまり、おかげさまで人類全体としてはきれいなジグソーパズルができるかもしれないとはいえませんか？

一人ずつの子が、全部まん丸になってしまうとどうでしょう。まん丸をならべていったら、あいだあいだにすき間がいっぱいできてしまい、これはやっぱり、完全な良い社会とはいえないだろうと思うのです。

へこんでるならへこんでいるなりに、でっぱっているならでっぱっているなりに、その子の特徴を生かしてゆけるよう、周囲のおとなたちが、力を合わせて支えていけばいいのではないでしょうか。

〝障害〟や〝発達の遅れ〟やその心配があるとしても、「大丈夫、みんなでやっていこう！」と言ってくれるのが、ほんとうの文明社会なのだと思うのです。

そして、〝障害〟のない子にとっても、その親にとっても、そういう「みんなが助けあう」社会こそがほんとうに住みよい社会であることは疑いの余地がありません。

ＳＳＫにならないで

「できる、できない」とか、「早く、上手に」というのは、会社という組織、機能として動いていく組織の特性であると精神科のお医者さんが本に書いていらっしゃいました。それは、ＳＳＫということばで表されます（吉川武彦、「引きこもりを考える――子育て論の視点から」、ＮＨＫブックス）。

Ｓはスピード（早くしなさい）
Ｓは生産性（がんばりなさい）
Ｋは管理強化（ちゃんとしなさい）
Ｋは画一化（みんなと同じにしなさい）

能率的に均一な品質の製品をつくり、売りさばいて利益をあげることを目的にした会社にはＳＳＫが必要でしょうが、「ひとりずつかぎりなくちがっている人を育てる」という営みに、これはおよそそぐわない考え方です。

ＳＳＫは、お母さんだけの専売特許ではなくて、学校の先生も保育園や幼稚園の先生も、「早くしなさい」とか「がんばりなさい」とか「しっかりしなさい」とか「みんなと同じようにしなさい」と、口ぐせになっているような気がします。

集団で子どもたちをみていく上では、全体で動く仲間の関係が大事です。友だちといっしょに遊ぶ楽しさを教えてあげたいと思えばこそ、引っ張って、みんなといっしょにさせてあげようと思いがちなのだと思います。でも、どうなのでしょう？

子どもがなかなかきてくれないときに、「行くよー」と言って手を引っぱると、子どもはぎゅーっと後ろに下がろうとします。手をむりやり引っぱられると、引っぱられまいとして、反射的にそれに逆らう動きが出てきてしまうのです。

なにかの力を獲得させようと思うときには、引っぱるよりはむしろ横に付き添って、いっしょに「ね？」って言いながら、少しずつ少しずつすすむほうが、結果的には早くいっしょにたくさんすすむことができるような気がします。

その子らしく育つのをじっくり見守る

からだのはたらきだけではなくて、こころのはたらきも同じです。やらせよう、やらせようというプレッシャーがかかればかかるほど。子どもは「いやだ！」「やらない！」「嫌い！」というように、どんどんどんどんかたくなになっていってしまいます。

それは、子どもを伸ばしてあげる上で、けっして得策ではありません。

ゆっくりであっても、でこぼこであっても、子どもは前にすすみ、伸びようとしている。そんな、子どもが本来持っている力を信頼し、しっかり見守りつつ育てる態度が、一番大切なことなのだと思います。

私自身も実は、小さいころに健診というものがあったとしたら、絶対に要チェックの子どもだったと思っています。ことばは遅くはなかったのですが、とても内気なおとなしい子でした。今や誰も信じてはくれませんが、小学校の四年生ころまでは、先生にあてられたら泣いて答えられなかったりしました。

三歳のころ、当時はティッシュではなくてちり紙でしたが、そのちり紙を母から一枚もらうと、二つに折り、四つに折り、八つに折り、一六に折り、三二に折り、今度は広げて、反対にまたたたんで、というのを飽きずにやっていたそうです。

長っ尻のお客さんがきても、ちり紙一枚与えておけば、座卓の横のほうで、おとなしく広げては折り、広げては折りをしていたという話です。

同じころのことだと思うのですが、これは自分でも覚えています。

ガラス戸ごしにお日様がスーッと真っすぐに差し込んできて、畳にまっすぐな影がうつります。真っすぐな光の模様。これは私にはとても素敵なことでした。

それをずっとみていると、畳の目ひとつずつジリジリッて光が移っていきます。となりに移動するその瞬間を見たいと思って、ずうっと見ていても、移動する瞬間はどうしても見えない。残念、見そこなったと思って、またじいっと見ている。光に魅せられていた、といってもいいかもしれませんね。

まあ、そんなふうな、今でいう、自閉症スペクトラムにあてはまるようなあてはまらないような、そういう幼児期をすごしました。

当然、触覚も過敏でしたし、今も過敏です。聴覚的にも過敏で、大きい音や雑踏には耐えられないという傾向は今なお持ちこしています。今はあらかじめ覚悟すれば我慢できるようになりましたが。でも、できれば静かな場所が好きですし、大勢でがやがや騒ぐよりは、ひとりでひっそり本を読んだりぼんやり考えごとをしたりするのが好き、という傾向は変わりません。

つまり、こんなふうに、私たちの世代のころも今でいう、ちょっと〝ヘン〟（私は〝〟をつけてヘンといっているのですが）な子はいっぱいいたはずです。けれども、社会が貧しくて、食べていくのに忙しくて、そんなことにいちいちかまってやれなくて、野放しになっていたのでしょう。

落ち着きのないタイプの子は、勝手にそのへんをワーワー遊びまわっていたし、じいっとしている子はじいっとしているままほっておいてもらえたおかげで、それなりに大人になれたというような気もします。

今は大人の目が届きすぎて、小さいうちからＬＤだとかＡＤＨＤだとまわりが心配してくれます。こういう方向が果たしてよいことなのかどうか疑問に思うことも正直いって、あります。自分たちのやっている健診とか早期療育とかの仕事が、逆に障害を見つけ出し、つくり出している面もあるのではないかという気がするからです。

ちょっと心配があったり、理解されにくさをもっている子どもが、今の社会のなかで生きていくのが楽になるように手伝っていくことは、必要ですし、私たちのようにことばやコミュニケーションの発達を支援するような職種や場所が必要であるとはもちろん思っています。でも、私たちがやっている仕事は、なんの疑いもないよいことだと思い込んで仕事をしていくことは、善意の押し売りになりかねませんし、気をつけたほうがいいのではないかとも思います。

これは、保健師さんや療育の関係者、〝障害〟のある子どもの学校の先生たちにもいえることです。

お母さんへのサポートが必要

こころの育ちを考えるときに、私は常に二つの面を同時にとらえていかなければならないと思っています。

ひとつ目は、個人に属するものとしての「こころ」の育ち。これは基本的信頼感の上になりたつ自我の確立ということです。

もうひとつは通わせたり交流させたり、ほかの人と触れ合うなかでのこころの動きや育ち、ということです。人と人の間で育つから人間、といわれる通り人間はきわめて社会的な存在だからです。

まず最初に個人としてのこころの育ちについて考えてみます。

子どものこころは十分に守られることによって安定し、丈夫な根をはることができます。根を張るためには守られ抜くことが必要、ともいえるでしょう。

「基本的信頼」ということばをお聞きになったことがあるでしょうか。

これは、心理学者のエリクソンが提唱したことばで、赤ちゃんが空腹を満たしてもらい、オムツがぬれたら換えてもらい、要求をかなえてもらうことにより、この人は信頼するに足ると思い、安心して暮らしていくことができるためのこころの基礎とでもいうようなことです。この場合の「守る人」は多くの場合、母親です。

たいていの哺乳類では父親がいなくても子どもは育ちますが、母親は不可欠です。それは、哺乳する、お乳を飲ませて子どもの生命を守るという生理的な意味からです。

人間については、人工乳が進歩したので生理的な意味での母親の意味は以前よりは薄まっていると思いますが、しかし、「母親なるもの」の存在が重要であることはまちがいありません。

「母親なるもの」としたのは、家庭の事情によっては、実母以外の人が子どもを育てざるを得ない場合も考えられるからです。

私個人は、「母は家庭で子どもをいつくしみまもり育て、その母を夫が外敵から守る」という固定的なとらえ方が好きではありません。両親は対等な関係であり、協力して子どもを育てるべきだと思うからです。

でも、多くの親子をみてくるなかで、母と子の関係というのは主義主張とか「べき」だけではわりきれないところもある、と思うようになりました。

生んでしまったことにともなう責任、とでもいうのでしょうか、どうしても母親が引き受けなければならない部分があり、ある程度の覚悟を決めてかかる必要もあると思うのです。ほかの誰でもないこの私の子なのだから、私が主たる責任を持ちます、というようなイメージとして、です。「子どもを守る」というのはそういう厳しさをも含んでいるのだと思うのです。

ただ、母親ひとりがその責任を負わされている現状を改善し、家族で、社会で、みんなでサポートするという方向性をさらに強めることは不可欠です。

若葉マークのあやうい運転をしている初心者お母さん・お父さんが学べるような試みもさらに必要だと思います。たとえば、育児講座とか子育て実習、ロールプレイみたいなものの開講です。学ぶことによって、見通しがもてれば、不安や心配を減らすことができようというものです。

義務教育ならぬ「義務保育」という考え方があると聞いたことがあります。

これは、赤ちゃんがいるおうちに毎月「保育券」をくばり、ひと月に何回か、必ず子どもを他人や保育園にあずけることを義務化する、というものだそうです。

こういうものがあると、その時間、お母さんは罪悪感なしに赤ちゃんや子どもから離れてリフレッシュできるし、育児についての勉強もできて一石二鳥。おもしろい発想ですね。

ことばや発達に心配のある子をかかえるお母さん・お父さんへのサポートのひとつとして、気軽に相談できる場所をふやすよう、私たちSTとしても努力していかなければならないと思っています。

安心感から、徐々に冒険・探検

なにかあってもお母さんがいれば大丈夫。

いざとなればその胸に飛び込んで守ってもらうから。

この基本的信頼を基礎に、子どもは外界探検を始めます。

「ことばの相談」に遊びにくる親子をみているとおもしろいことがいっぱい。プレイルームには、すべり台やままごとやボールや乗り物のおもちゃとかいろいろ出してあります。私も保健師さんも「ビジネススマイル」をこころがけ、ニコニコして出迎えて、なるべく楽しそうな雰囲気をかもし出しているつもり。

そんななか、子どもの反応はいろいろです。

お部屋のなかに入ってきた瞬間から、お母さんと離れてどんどん遊びをみつける子もいれば、最初から最後まで泣きっぱなしの子もいます。

はじめての場所に慣れにくい子は、お母さんにしがみつきながらお部屋に入ってきます。同じ保健センターで先週受けた歯科健診がとてもいやで建物に入るときから泣いてたという子もよくいます。

「初めての場所はこわい」「こないだイヤなことがあったから、今日もきっとイヤなことがある、イヤだ、帰りたい」というのも、その子らしさの表現のひとつ。無理させず、だんだんになれるのを待つことにします。

お母さんだってまだ硬い表情です。無理もないですね。「『ことばのセンセイ』にいったいなにを言われるのかしら？　私の育て方がいけない、って怒られるのかしら……」と戦々恐々の状態なのですから。

部屋の床に座って、お母さんと「ことばのほうはどうですか？」といったお話を始めます。子どもはお母さんの背中にしがみついています。

だんだんにお母さんの緊張がほぐれてくると、お母さんにしがみついていた子どもの手も少しゆるんできて、お母さんの隣に座ります。とはいえ、お母さんにぴったりくっついて、右手はちゃんとお母さんのおひざの上においてあります、しっかりと。でも、三メートルくらい離れた場所のおもちゃに目をやる余裕が出てきます。

子どもがじっと見ているおもちゃを保健師さんが「これにする？」と言いながら子どものそばに持ってきてくれます。保健師さんが近づいてくると、子どもはお母さんのおひざの上に乗せた手にぎゅーっと力を入れ、お母さんにいっそうぴったりとくっつきます。いつでも背中側に戻って隠れられるように構えています。

保健師さんはおもちゃを持ってきてくれたあと、すぐもとの場所に戻ります。

自分の領分に攻め込まれるおそれがないんだとわかると、子どもはちょっと安心したようすで、お母さんにぴったりくっついたまま、左手だけちょっと伸ばしておもちゃに触ってみます。

ころころころとボールが転がって出てきます。結構おもしろそう。

左手だと、ちょっと使い勝手が悪い。

お母さんのひざの上においてあった右手をちょっとだけ離し、右手でボールを入れてみます。ころころころ、カターン。

おもしろいや、これ。

体の向きをかえ、おもちゃに正面向いて座りなおします。

当然右手はお母さんのひざの上から離れます。

「だんだん、離れても大丈夫になってきましたね。おひざの上の手が離れましたよ」と私が言うと、お母さんも「あら、はい、そうですね。あ、ほんと。今日はずいぶん早く慣れました」とおっしゃいます。

そしてだんだんに遊ぶのがおもしろくなり、三〇分、四〇分とたつころには、保健師さんと「待て待て遊び」をしてきゃあきゃあ笑ったり、みつけた新しいおもちゃをお母さんに見せにきてくれたりして、最後は「帰りたくない」とゴネるのです!!

こんなふうにお母さんを安全基地として、自分で「安全」「大丈夫」と思える範囲を自分でたしかめつつ広げてゆくのが自然な子どもの育ちです。

子どもの領分を守るように心がけ、無理に攻め込んだり、急いで「こちら」のペースに引っぱり込もうとしなければ、子どもはちゃんと自分から出てきてくれるものです。

この時期に無理に離そうとすると、かえって不安になり、しがみついたり離れられなくなったりすることもあれば、無理かなと思って離してしまったけれど、拍子抜けするほど平気、ということもあります。

大切なことは「本来子どもはお母さんとの安心できる関係を基礎にだんだん外の世界に出てゆくものだ。この時期、親にとってはとても面倒でほとほとイヤになることもあるけれども、ていねいに受け入れ、付きあっていく必要がある。親である以上、この面倒くささも『込み』で引き受けなければならないんだ」ということを知識として、知っておくことです。

また、「見た目、すっぱり離れられたようにみえる子は、かえって、後になってから『実はあのとき、まだ安心が足りなかった』と取り戻しにかかることもあります。そのときに『もう大きいんでしょ！　そんなことしてちゃおかしいよ！』と頭ごなしに言わずに、『はいはい、積み残し課題をやることになったのね』と受け入れる度量を持っていてほしい」ということです。

お母さんひとりでそんな「度量」を持つことは至難のわざ。だからこそ、夫が協力を惜しまないよき聞き手であってほしいと思いますし、周囲に応援の手が用意されている必要があると思うのです。

専門家が安全基地になることも悪くない

〝障害〟やその心配があって、とても育てにくい。かわいいと思える前に大変さが大きすぎる場合は、療育の担当者が「子どもの安全基地」の役割を一時的ににになってあげることも必要です。療育や保育のセンセイは、たいていは、子どもを好きでこの仕事を選んだ人たちだからです。おまけに「他人さまの子は楽にかわいがることができる」という法則もありますしね。

お母さんは必ずしも子ども好きとはかぎりません。「バリバリのキャリアをあきらめて子どもを産んでみたら、なんと、とても育てにくい子だった、どうしたらいいかわからない！　もう、こんな子の世話をするのイヤ！　誰か代わって！」と思っているかもしれません。

そういう状況のお母さんと比べれば、ずっと恵まれた条件の療育や保育のセンセイが、仮にお母さんに代わって子どもの安全基地になってあげられれば、その安心感をベースに、安心できる場所を徐々にひろげてゆくことが可能です。だんだんに「大丈夫」になってくるわが子を見ることで、お母さんも徐々に落ち着き、子どもを受け入れる態勢が整ってきます。

子どもをじょうずに受け入れられないお母さんがいるのも事実。発達上、うまくいかないところをもっている子がいるのも事実。でも、どんな子であれ、どんな親であれ「責めない」ことが原則です。「じょうずでない」お母さん、「受け入れがよくない」お母さんも、もしかしたら、とても育てやすい、発達の早い子を持っていたら、とてもじょうずな子育てができていたかもしれないのですから。

私自身、病弱な上、とてもカンが強く、しかも泣き虫な、育てにくい子に大当たりし、自分なりにはせいいっぱいやっているのに、責められたってこまる！　と思っていた時期が長かったからこう思うのかもしれません。

その息子が大きくなった今となると、なんのことはない「夜中にぎゃあぎゃあ言ってうるさかったなぁ、なつかしいなぁ、あのころ」とか思っているんですから。

泣き虫だったのは感受性が強かったからなんだ、と今になればわかるし、カンが強かったのは、自分で工夫したり、斬新な、ある意味突拍子もないことを考えつく創造性とうらはらだったんだ、とも思えます。

STの仕事は、子どもと親がより楽しく暮らし、じょうずなコミュニケーションをとって生きていくことを手伝うこと。責められたり怒られたりされたら、ちっとも楽しくないですものね。

「ことばの相談」で叱られたり、注意されたりしたうっぷんを家に帰ってから子どもにぶつけて晴らしたり、「私の子育てがいけなかったんだ……」と暗ーくなったりしたら、そのことが子どものこころとことばの発達に悪い影響を与えかねません。

親の接し方にいろいろな欠点があるとしても、それを正面から直すようにと指摘するのではなく、そのなかで「よりよい方向」を探し出し、実行可能なことを見つけ、具体的なアドバイスをする。

そういうことのできる「子どもST」や関連職種が増えてくれることを願ってい

ます。

そして、社会的存在へ――がまんとしつけ、自律

右に書いたような基本的な信頼感、安心感の上に成り立つ「自我の確立」があって初めて、社会のルールや決まりごとをおしえ、それを守ること、そうしたことを身につけるためのがまんやしつけの取り組みが始められます。

自我の確立とは、僕はこれをやりたい、私はこれはやりたくない、私はこれが好き、僕はこれが嫌いという「私は」「僕は」という意識です。

二歳代の発達ではこの「僕が」「私は」の主張が強まる一方、その気持ちをコントロールするすべが身についていないため、自分の思い通りにならないと、ひっくりかえって泣きわめいたり、かんしゃくを起こしたりして大変です。

この時期、頭ごなしに叱ったり、やめさせようとしても、なかなかうまくいきません。嵐をやりすごすような覚悟が必要です。

がまんができるようになる前に必要なことは、「僕は泥水を跳ね飛ばして遊びたい。でも、僕が大好きで信頼しているお母さんがやめなさい、っていうから、僕自身はとてもやりたいけど、しょうがない、やめておこう」という心の動きです。

道路の真ん中で泥水遊びをしてはいけないという「社会的規範」を、「お母さんの意向」を仲立ちとして、自分のなかに取り込んでゆくはたらきです。

「自我」と「社会の規範」「周囲の意向」とを折りあいをつけてゆくはたらきともいえるでしょう。その結びめのところに、常に「お母さん」に代表される「信頼できる人」の存在が必要であり、このところができていない子に頭ごなしに「しつけ」をしようとしてもなかなかうまくいきません。

三歳をはさんで、しだいに「ことば」の力がついてくるころ、脳のなかの衝動をコントロールするはたらきもしだいに伸びてきます。

「あの子が食べているお菓子を僕はとても食べたい。でもあのお菓子はあの子のものだから、取ってはいけないんだ」とことばを使って考え、ルールを守り、わきまえがついてきて、がまんができるようになります。

お母さんや先生が目を光らせ、いちいち注意しなくても自分でよしあしの判断ができるようになるのが自律で、社会の規範・ルールがきちんと自分のなかに取り込まれたということを表しています。

自我の伸長、わがままも大切な踏み台

ああしたい、こうしたい、あれはイヤだこれもイヤだ。わがままばかり言う子どもに振りまわされるのにはがまんができない。そう思う親ごさんも多いようです。ですが、ある一時期、子どもは十分「わがまま」を言う必要があるのです。「わがまま」とは「我がまま」、つまり「自分のありのままのすがたや気持ちをそのまま出すこと」です。

自分の気持ちをそのまま出してみる。その結果、受け入れられたり、受け入れられなかったり、いろいろな経験をすることによって、社会のルールと「折りあいをつける」こと、我慢することを子どもたちは学んでいきます。

わがまま、つまり、自分の気持ちをそのまま出すことすらできないほど窮屈な環境におくのは望ましいことではありません。

子どものほうから「やりたい」あるいは「いやだ」という気もちが出てくる前に、「ああしなさい」「こうしなさい」「あれはいい」「これはだめ」とおとなが先まわりしてことこまかに指示し、けっして逸脱を許さないという態度で最初から接しつづけることで、「やりたい」気持ち・意欲そのものが萎えてしまって指示待ち人

ああ
しなさい
!!
こう
しなさい
これは
ダメ
×

もう言いなりには
ならないゾー!!

間になってしまう子もいます。

おさえ込みつづけたほんとうの気持ちを思春期になって家庭内暴力や引きこもりという形で表現し、人生のやり直しを親に迫る子どもたちの多さをみるにつけ、小さいうちから、のびのびと気持ちを表現する子どもに育て、その要求に正面から向きあって「いい」「悪い」の価値観を伝えてゆく大人の存在が必要だと痛感します。

「気持ちを出す」「わがまま」といっても、子どもがやりたい放題にするのを放置し、わがままをなんでも受け入れればいいというのではありません。

大人の側の価値観をはっきり持ち、それを子どもに伝えてゆくことが大事だと思います。

7

こころが育ち、ことばが伸びるために

どの子もみんな特別な子ども——子どもに注目、子どもにあわせる

第一章で、〝障害〟のある子どもへの療育の基本的な考えを紹介しました。

① ほかの子と比べない
② ひとりひとりの興味や関心を大切にする
③ できたことは認め、できないことに手だてを考える
④ できたということ・できるようにするという結果だけに、目的をおかない。なにかができるようになろうと努力する過程を共有し、なにかができた達成感（「ヤッター感」）を共有しあうこと
⑤ これらのことが、自分らしさ、自我の根っこ（自己の有能感）を育てるでしたね。子どもの育ちはこれにつきます。

子どもはそれぞれが特別な子どもです。育てにくさや、〝障害〟のきざしや、発達の遅さを持っている子は格段に「特別な」子どもです。特別な支援が必要です。

通常の子であれば、粗っぽいきざみのはしごでもことなげに登っていけるでしょうが「特別な」子どもには、配慮された細かいきざみめが必要です。

「早くこいよ」と上で待っているだけではなく、段と段のあいだにもう一段補助

の段をつくってみるなどの工夫が必要です。

子どもたちは「登れない」のでも「登る気がない」のでもありません。「手助けがあれば登れる」のです。登れるようにしてやれないのは、大人の側の怠慢、工夫不足、という厳しい反省が必要です。

発達の遅れがあろうとなかろうと、子どもを評価の目でみない。

「今」「ここ」にいることそれ自体を楽しむ態度が必要です。

これが身につけば、子どもの気持ちの動きが手に取るようにわかり、いっしょにいるのが楽しくなること請けあいです。

具体的に一人ずつの子どもの気持ちに注目し、それにあわせていくことの大切さや方法、共同注意とことばの発達の関係は四章で述べました。

笑顔をみせて

子どもとの暮らしが笑いに満ちていること。これは、子どもの発達をうながすうえで予想以上に大切なことです。

笑顔のなかにいれば、子どもは「安心していていいんだ」と思えるからです。

安心感が、探索する気持ち、知りたいと思う気持ちを育てます。学習の基礎です。

　また、楽しいおもしろい経験のなかで、子どもは記憶を重ねていきます。最初は笑顔を「つくる」ことから始めましょう。ひきつったようなつくり笑顔でもＯＫ。写真をとるときの「チーズ」の「イー」の形の口をして、にこやかにします。

　笑顔なんかなかなかつくれないわ、という向きには、「おいしいものを一緒に食べる」というワザはいかがでしょう？　栄養がどうのとか偏食はこまったもんだ、とか思わずに大好物を一緒に食べる。

　親子でどうしても好みが合わなければ、親はカリントウを、子どもはおせんべいを、とちがうものを食べるのでもいいのではないでしょうか。

　おいしいものを食べて、「ああ、おいしい！」と口に出すとき、顔はかならず笑っているはずです。

子どもの気持ちをおとなが口に出して言う

　ゴチン！　とドアにおでこをぶつけた子ども。ウェーと泣きそうです。

　お母さんはすかさず「痛くない！　痛くない！」「がまん！」と言います。

『1.2.3才ことばの遅い子』(ぶどう社) より

みている私は、「あーあ」と思います。
ゴチン！　とぶつけたら目から火花が出て、おでこは「痛い」。それが正解。「おおー、痛かった痛かった」って言ってもらって、「痛いよー」と泣き、お母さんに「ちちんぷいぷい」とおまじないをしてもらって、けろりと立ち直るのがいいのではないでしょうか？

ほんとは痛いのに「痛くない！」と押さえ込まれてしまうと、「自分の本当の気持ちをお母さんに言ってはいけないんだ」というメッセージが伝わってしまう可能性があります。

お母さんの前では本当の気持ちを出しちゃいけないんだ、痛くてもガマンしてなくちゃいけないんだ。安心して弱さをみせていいはずのお母さんの前で、いつも強がっていなければならないとしたら、小さい子はつらいですよね。

相談の部屋に入ってきたときに「おはよう」って声をかけると、お母さんの後ろに隠れてしまう子がいます。こんなとき、親としては「おはようございます、は？」と強制してしまいがち。慣れたところでなら言えても、恥ずかしくて気おくれしていることも多いものです。「ちょっと恥ずかしいんだよね」と子どもの気持を言った上で、子どもの代わりのつもりで「おはようございまーす」と言えば十分です。私はお母さんたちに、「『おはようございます、は？』の『は？』は、いりません」と説明することにしています。

「自分の気持をありのままに表出する」ことができると、自分は今、こんな気持、あんな気持、と自分の気持をことばで把握できます。すると、いらぬかんしゃくや、乱暴な行動に出なくてもすむようになります。

「おいしいね」とか「うれしいね」といったプラスの気持は口に出してあげやすいのですが、むしろ、おとなからみてマイナスの気持を言語化するように努めてみましょう。


ほかの子のオモチャを取り上げてしまったとき、

「遊びたかったのね、おもしろそうだもんね、ボクも遊びたかったね」(「でもかえしてあげようね」をその後につづける)。


パジャマのボタンがうまくとめられないでこまった顔をしているとき、

「がんばってやってごらん!」の代わりに、「うまくできないねぇ。むずかしいねぇ」。そうすると、あら不思議。気を取り直して再度挑戦する子も多いのです。

気持ちがわかってもらえていると思うだけで、子どもはとても自信を持ち、元気になるのです。

外に出かけてことばのタネを見つけて育てよう

おうちの中にだけいると、ついつい叱ったり、禁止したり、テレビを見せたくなってしまうなら、一緒に出かけてしまいましょう。視界が広がり、こころが晴れ晴れします。空は青いし、犬はほえるし、ゴミバケツのふたが道の真ん中に転がっているし、目新しいできごと、話しかけるタネに事欠きません。「ことば」のレパートリーを増やすためには、とても大事なチャンスです。

落ち着きのない子や、人見知りの強い子を連れて出かけるにはちょっとした決心もいりますが、出かける前に、「さあ、出かけるぞ」と二〜三回深呼吸して、決心して出かけてしまいましょう。

バギーに乗せて、「出かける」「買い物をする」といった目的だけにとらわれず、「今」「ここ」で子どもが見つけたもの、子どもが目を向けているものについて、あいづちをうち、話しかけてあげてください。できる範囲で結構ですから。

おうちの中にもことばのタネはある——子どもに選ばせる

おせんべいとクッキーを見せて、「おせんべい　と　クッキー。どっちにする？」。おみかんとりんごを見せて「みかん　と　りんご。どっちにする？」

二つのものを対比させながら提示して、子どもに「選ばせる」プロセスでは、子どもの能動的な気持ちが働きやすく、注意が集中しやすいものです。

「おやつはおせんべいよ」と、大人が一方的に決めたものを与えようとすると「やだー」とごねる子が、「どっちにする？」とたずねると、片方を選んで満足げに食べることも多いのです。

大きい小さい、高い低い、長い短いといった量の概念は、実際に目で見て比較できるようにしてあげないと身についてはいきません。

大きめのから揚げと、小さいから揚げとを見せて「大きいのと小さいのと、どっちがいい？」と言うと、たいていの子が大きいほうを選びます。「あら、やっぱり大きいのがいいのね、アハハハハ」ということになるでしょう。

「まだ言えないけど、わかっている」。こういう時期に、「大きい」「小さい」のことばをさりげなく聞かせて、頭のなかの整理をすすめることが大事です。

一緒に手や体を動かす——「はたらく」なかでのことばの育ち

おうちのことを一緒にやりましょう。

一緒に台所に立ったり、一緒に洗濯物を干したり、一緒に洗濯物をたたんだり、一緒に靴をそろえたり。

子どもと一緒に、同じ方向を向いて協力して「何か」をするとき、自然にことばをかけている自分に気づくでしょう。

「あ、そのハンカチ、こっちにちょうだい」とか、「お靴、ちゃんとそろえておこうね。これ、ママの靴だよ」とか。

「はたらく、とは、〝はた〟（周囲）を〝らく〟にすることだよ」と、最近よく聞きます。

三歳なら三歳なりに、五歳なら五歳なりにできる「お手伝い」の形があるはずです。そのことを通じて、手の器用さが養われ、「ことば」をかけてもらう機会も増えるのですから、何ができそうか考えて、いろいろ試してみましょう。

手を使って、「〝はた〟〝らく〟」ことができるのは、人間の特権です。

人のためにはたらく。人の役に立つ。「ありがとう」と感謝されて、うれしい。

またやろうと思える。そういう経験をつませてあげましょう。

あいさつのことば

「おはようございます」「いただきます」「ごちそうさま」「行ってきます」「行ってらっしゃい」「お帰りなさい」「こんにちは」「さようなら」「ありがとう」「またね」「おやすみなさい」。

あいさつのことばはどれも美しい響きをしています。日本各地のお国ことばのあいさつを聞くときには、いっそうそういう感じを受けます。目をつぶって聞くとまるで歌のようです。きっと、思いのこもったことばだからなのでしょうね。

あいさつは、決まった場面で、何度もくりかえされることばなので、パターンとしても覚えやすいという特徴があります。

また、あいさつは、多くの場合ジェスチャーを伴うという特徴もあります。食事のあいさつは合掌したり頭を下げたり、出会ったときのあいさつにはおじきがつきもの。別れのあいさつでは手をヒラヒラ振る動作が加わります。

周囲の大人が、こういったあいさつを自然に行っていると、何度もくり返し聞けるうえに、ジェスチャーという視覚的な手がかりもあるため、いつの間にか覚えて自分でも言えるようになることが多いものです。ことばで言えないまでも、ぺこんとおじぎをしたり、バイバイと手をふったり、動作での表現ができるようになるでしょう。

心のこもった、動作にも気持ちのはいった、あいさつじょうずのおとなになりましょう。

とくに「ありがとう」のことばは、絶えず子どもにかけてあげたいものです。

単語の切れ目がはっきり分かるように話す

先日、テレビでおもしろい実験をしていました。まだ、ことばをしゃべらない赤ちゃんを集めて「落語」「ラップ」「狂言」を聞かせて、何に一番注目するかを調べたのです。最初の二つは、熱心に聞く赤ちゃんと、全然集中しない赤ちゃんがいる中、最後の「狂言」では二〇人ほどの赤ちゃんの全員が、びっくりするくらいじーっと集中して聞き入っていました。

音の高低差がはっきりしていることと、もうひとつは、ことばとことばの間に適当な「間」があるためらしいのです。

学び始めて日の浅い外国語の場合、はっきり単語を区切りながら、ゆっくり話してくれるとよく分かりますね。それと似た感じなのかもしれません。

おとなは「お皿洗ったらママとおんも行こうね」と軽く言いますが、子どもは「らあら?」「たらま?」「とんも?」と目を白黒させているかもしれません。

どの音とどの音がワンセットになっているのか、聞き取るのになれていないからです。いつもこんなふうにことばが聞き取れずにいると、話しかけられること自体に興味を失ってしまう可能性もあります。

小さい子や、ことばの遅い子に話しかけるときには、ゆっくり、はっきり、くりかえし、単語と単語の間に適当な間を置いて話してあげることが大切です。

安心できる環境づくり——視覚的手がかりで

あいさつにふくまれるジェスチャーのことをお話ししましたが、耳から聞こえてくる音だけからことばや文章を理解する

のはとても高度なむずかしい作業です。なるべくジェスチャーとか、指でさす、絵をみせるなど、目で見てわかるような「支え」を使いましょう。STの分野ではこういう手段はAAC（拡大代替コミュニケーション）の一部とされます。

音声言語（話しことば）がまだ使えない子どもでも、身振りサインとことばをいっしょに使う「マカトンサイン」を導入することで、とてもじょうずに意志を伝えられるようになったりします。最近では、同じような考えに基づく『ベビーサイン』という本が話題になっています。

「身振りを使うと、ことばを話せなくなってしまうのではないか」と、親ごさんたちはそれが一番心配なようですが、それはまったくの杞憂。身振りで意志が伝えられるようになると、子どもはどんどん意欲的になり、「ことば」も出てくるようになります。「ことば」が言えるようになると、サインはすっぱり使わなくなってしまうのです。不思議ですね。

「給食だからお部屋に帰ろうね」と声をかけても、知らんふりで遊びつづけている子に給食の写真カードを見せながら誘ったら、とてもスムーズにきてくれた、など、視覚的な手段の使いみちを示すエピソードは枚挙のいとまがありません。

「もしも私が耳が聞こえなかったとしたら」と想像し、その場合でもわかるような伝え方はどういうことかな？と考えて、子どもと接するといいと思います。

日本マカトン協会
〒176-0063　東京都練馬区東大泉7-12-16　旭出学園教育研究所内
FAX03-3922-9781
ホームページ　http://www.homepage2.nifty.com/makaton-japan

保育園・幼稚園や学校の先生方は、私たちSTからみると音声言語に頼りすぎているように思えることがよくあります。もっと、身ぶり手ぶり、表情豊かに体で語りかけてあげてください。

子どものまねをする

「子どもにまねさせる」のまちがいではありません。

おとなが、子どもの動作や発声をまねることが大事です。

「子どもの興味や関心に大人が合わせていく」ことのひとつの表現方法としての「まねる」だからです。

「子どもの動作をまねて返す」ことを「ミラリング」（鏡に映すようにして返す）といい、「子どもの出す声や音をまねて返す」ことを「モニタリング」とい言います。

わざわざこんなカタカナ名前をつけるまでもなく、大昔から、子育てじょうずな人は無意識のうちに自然にやっていたことです。

「アブブブ」って赤ちゃんが言うと「アブブブねぇ」とまねし、「あ、ワンワン」と子どもが言うと「あ、ワンワンだね」と言いました。

子どものやること、言うことを即座にまねられるのは、子どもの行動をよくみているからです。目を離さずにいるからです。「子どもには手をかけよ、目を離すな」といいますね。

そしておとなが自分と同じようにまねてくれると、子どもはものすごくうれしそうなようすをみせます。表情が、ぱぁーっと明るく花が開いたようになる場面によく出会います。「ボクのこと、見ててくれたのね！」という感じなのでしょう。

自分のやることに注目し、まねてくれる人には興味が持てる、好きになる。そして、好きな人のやることは、自分もよく見ようとし、よく聞こうとします。

こうやって、学習が進む基礎ができていくわけなのですが、ここでも「こころ」のはたらきと「ことば」の発達は同時進行しているのです。

ことばやコミュニケーションを育てるには、「安心していていい」「この人は信じられる」と思える環境を子どもに与えるのが一番大切なことです。今、ここで一緒にいることを楽しめる。そういう平らな関係づくりが、ことば育ちの秘訣です。

おわりに

子どもは大人の思いどおりになるために生まれたのではありません。

ほかの子と比較しないで、早く伸びろと言わないで、「君らしい速さで歩きなさい」「君なりの人生を生きればそれでいいんだ」と伝えたいものです。

「棺のふた覆って　事定まる」と言います。棺に入ることになったとき、僕の、私の人生、悪いものじゃなかった、と思えるような、自分を好きな子に育てたいと心から思います。〝障害〟があればなおさらです。

子どもたちに、自分のやりたいことをみつけ、自分でやることには責任を持ち、そして、いろいろな試練に耐えながら、自分で乗り越え、生きていくことの大切さを知ってほしいのです。

いくら親でも、すべてにわたって、子どもに寄り添い、代わってやることはできません。幼児期に子どもをしっかり受け入れ守ることで、こころの底力を育てておくことが大事なのはそのためです。

自分ひとりで歩くようになったとき、倒れても自分で起き上がれるように。守ることは手ばなすための準備でもあるのでしょう。

「はぐくむ」ということばは、親鳥が羽の下に雛《ひな》を包み込む（くくむ）さまに由来するといいます。

子どもを育む母親を包む家庭、その家庭を包む地域社会や国家。幾重もの羽につつまれて、安心して子どもたちを育ててゆける社会になるように願います。

そのために、個性的なひとりから出発し、個性的なひとりにあわせ、そして仲間のなかで育ち、みんなで協力しあいながら育ててゆく、〝障害〟児教育や療育の世界の価値観がもっともっと一般の社会に広がっていくことを願い、この本の筆をおくことにします。

●関連する本

「育てにくい子にはわけがある」（木村　順、大月書店）

＊育てにくさの理由が、感覚の働きやからだの動きからわかりやすく説明されています。たくさん遊ぶことの意味も納得できます。

「1、2、3歳　ことばの遅い子」（中川信子、ぶどう社）

＊小さい子によくある「ことばの心配」について。お母さん向きのわかりやすい本。

「健診とことばの相談」（中川信子、ぶどう社）

＊STとして健診にかかわるという立場から必要な知識をまとめてある。

「ことばをはぐくむ」（中川信子、ぶどう社）

「心をことばにのせて」（中川信子、ぶどう社）

「語りかけ育児」（サリー・ウォード、小学館）

＊イギリスのST（スピーチセラピスト）による育児書。「ことば」の力が生活のいろいろな場面で育ってゆくようすを月齢別に解説し、それぞれの時期に適した働きかけや遊びを紹介。

「4歳までの『ことば』を育てる語りかけ育児」（中川信子、PHP）

＊子どもとどんなふうに遊び、どんな話しかけ方をしたらいいかが、月齢別にわかりやすく解説されています。

「はじめて出会う育児の百科」（汐見稔幸・榊原洋一・中川信子監修、小学館）

＊胎児期から就学までの子どもの育ちをどう支えるかの育児書（二〇〇三年一一月発売予定）。

「赤ちゃんと脳科学」（小西行郎、集英社新書）

「図解雑学　脳のしくみ」（岩田誠、ナツメ社）

＊複雑な脳のしくみがわかりやすくイラストで図解されています。脳についての最初の一冊としておすすめできます。

「感覚統合Q＆A」（佐藤剛ほか、協同医書）

＊子どもの発達はまず、〝からだ〟から。そのことを、わかりやすく教えてくれる本です。

「保健指導マニュアル　ちょっと気になる子どもたちへの贈りもの」（小枝達也、診断と治療者）

＊ADHD、LD、HFPDD、軽度MR児など〝ちょっと気になる〟子どもたちについての「なぜ」に答え、「どうかかわってあげたらいいの？」の方法がとても具体的に示されています。

「うちの子、ことばが遅いのかな？」（言の葉通信、ぶどう社）

＊「言の葉通信」は子どものことばが遅い、という心配を持つお母さんたちのサークル。この本は会員から寄せられた手紙をもとに作られました。ことばが遅いとどんなに不安で、どんなに心配なのか、親ごさんたちの生の声満載。

「集中できない子どもたち」（榊原洋一、小学館）

＊最新の医学的知識に裏付けられたＡＤＨＤの子どもたちに対するあたたかい見方がうれしい本。薬物療法の功罪などにも触れられています。

「ADHD及びその周辺の子どもたち　特性に対する対応を考える」（尾崎洋一郎他、同成社）

＊学童期の子どもたちをクラスでどう支えるか具体的に示されています。

ビデオ「ADHD……注意欠陥多動性障害　その基礎知識と対応法」（司馬理英子監修、アートデイズ　TEL　03-3353-2298）

＊司馬理英子さん、カニングハム久子さんによるＡＤＨＤ解説。お母さんの話や、実際にＡＤＨＤを担任した先生による実例がわかりやすい上、四五〇〇円という価格も手ごろです。このビデオを購入しておいて、新しい担任の先生には必ずみてもらうというお母さんもいます。

「障害を知る本⑧　LD（学習障害）の子どもたち」（上野一彦編、大月書店）

＊図版がわかりやすく、初めてＬＤに接する人にわかってもらうためには最適。

「高機能自閉症・アスペルガー症候群入門……正しい理解と対応のために」（内山登紀夫・水野薫ほか、中央法規）

＊自閉症や関連する用語の整理、どう接したらいいかとてもわかりやすくまとめてあります。内山先生の「アスペルガー症候群を知っていますか？　アスペルガー症候群の理解のために」という小冊子も大好評。日本自閉症協会東京支部ホームページに詳細版が掲載されています。

「自閉症児の保育・子育て入門」（中根晃、大月書店）

＊「自閉症とは何か」にはじまり、早期発見と早期のかかわり方、保育や教育現場で気をつけるべき点に触れられています。親ごさんは目前のことにとらわれがちですが、本当は就労を含めたライフサイクルを見越した息の長い指導が大切だ、ということが納得できます。

「心の保育を考えるcase67」（学研）

＊幼稚園、保育園で〝ちょっと気になる子〟をどうとらえて、どうかかわっていけばよいか。よくある質問に、医師・心理職・保育士・幼稚園教諭など、いろいろな職種の人たちが答えています。

「ママがする自閉症児の家庭療育」（ＨＡＣ〈自閉症家庭療育〉の会）

＊追いかけっこ、いないいないバアなどの遊びを通して、子どもとのコミュニケーションを楽しく自然に育てるための小さな本です。

「発達障害の豊かな世界」（杉山登志郎、日本評論社）

「発達障害の子どもたち」（杉山登志郎、講談社）

「自閉症だった私へ」（ドナ・ウィリアムズ、新潮社）

「子どもの障害を受容するということ」（中田洋二郎、大月書店）

＊健診に関わる発達相談員として保護者を支える立場にあった著者が、自分の仕事をふりかえりつつ、〝障害受容〟について深く、共感的に考えています。

「発達に遅れのある子の親になる」（海津敦子、日本評論社）

＊ジャーナリストだった筆者は「お子さんの発達には遅れがあります」といわれます。揺れ動く気持ちのなかで、さまざまな専門家に取材し、子どもの問題をどうとらえていったらいいのか、考えようとしました。親ごさんの〝障害の受容〟は、それほどたやすい道のりではないこと、周囲がその道のりをどう支えていけるのか。子どもに関わる人には必見の本です。

●関連するホームページなど

「子どもの発達支援を考えるSTの会」 https://www.kodomost.jp/

「一般社団法人　日本言語聴覚士協会」 https://www.japanslht.or.jp/

「日本コミュニケーション障害学会」 http://www.jacd-web.org/

「NPO 法人　全国言友会連絡協議会」 https://www.zengenren.org/

「全国公立学校難聴言語障害教育研究協議会」（全難言協） http://www.zennangen.com/

「一般社団法人　日本自閉症協会」 https://www.autism.or.jp/

「一般社団法人　日本発達障害ネットワーク（JDD ネット）」 https://jddnet.jp/

◉著者

中川信子（言語聴覚士）

1948年東京生まれ。大学で教育心理学を学んだのち、国立聴力言語障害センター附属聴能言語専門職員養成所卒業。旭出学園教育研究所、神奈川県総合リハビリテーションセンター、調布市あゆみ学園（現・調布市子ども発達センター）、保健センターなどで、療育や乳幼児のことばの相談事業などに従事し、地域での一貫した支援により、子どもの健やかな発達を応援することをめざして来た。子どもの発達分野にかかわる言語聴覚士のネットワークである「子どもの発達支援を考えるＳＴの会」を2002年に設立。代表を務めている。
主な著書
単著 「健診とことばの相談」「ことばをはぐくむ」「1.2.3歳ことばの遅い子」「保育園・幼稚園のちょっと気になる子」（ぶどう社）。「Q&Aで考える保護者支援」（学苑社）。「発達障害とことばの相談」 （小学館）。
編著 「発達障害の子を育てる親の気持ちと向き合う」（金子書房）。
共同監修 「はじめて出会う育児の百科」（小学館）。「ことばの不自由な人をよく知る本」（合同出版、2023）など

◉企画協力――新日本医師協会東京支部
◉装幀――菅原来瞳
◉カバーイラスト――本田亮
◉本文イラスト――林やよい

子どものこころとことばの育ち

2003年10月10日第1刷発行
2023年6月25日第13刷発行

定価はカバーに表示してあります

◉著者――中川信子
◉発行者――中川 進
◉発行所――株式会社 大月書店
〒113-0033 東京都文京区本郷2-27-16
電話（代表）03-3813-4651
振替00130-7-16387・FAX03-3813-4656
http://www.otsukishoten.co.jp/
◉印刷――佐藤印刷
◉製本――中永製本

ISBN 978-4-272-40320-2 C0337